Les cent jours
qui ont changé les États-Unis

Collection *Monde en cours*
créée par Jean Viard

Ouvrage édité par Manon Viard

www.editionsdelaube.com

ISBN 978-2-8159-6864-5

Gilles Paris

Les cent jours qui ont changé les États-Unis

éditions de l'aube

Du même auteur,
chez le même éditeur

La guerre sans fin, avec Benjamin Barthe et Piotr Smolar, 2024
La Palestine est-elle encore possible ?, 2025

Introduction.
Une révolution qui renoue avec des parts d'ombre de l'histoire des États-Unis

Gilles Paris

L'homme qui a retrouvé le bureau Ovale de la Maison Blanche, le 20 janvier 2025, ressemble trait pour trait à celui qui s'y était installé huit ans plus tôt, comme si le temps ne pouvait avoir prise sur Donald Trump. Et comme en 2017 une tornade s'est abattue immédiatement sur Washington, s'étendant bien au-delà des frontières des États-Unis. Après avoir quitté le pouvoir sans grâce en 2021 au terme d'un premier mandat entaché par la tentative de coup de force de ses partisans contre le Congrès, le 6 janvier, jour de confirmation des résultats de la présidentielle qu'il contestait sans fondement, le républicain avait disposé il est vrai de quatre années pour préparer un retour aux allures de revanche.

Quatre années pour réaffirmer son emprise sur son camp tout d'abord, retournant à son avantage de nombreuses affaires judiciaires, écartées pour la plupart par une stratégie efficace de pourrissement avec le concours de juges et d'une Cour suprême à majorité conservatrice qui lui sont favorables. Quatre années pour préparer une mise au pas sans précédent de l'État fédéral, présenté inlassablement comme une entité foncièrement hostile, l'attachement aux normes et aux règles étant réduit à une forme d'obstruction de la volonté populaire.

Rompu à la fonction, contrairement à son premier mandat, Donald Trump dispose aussi, en janvier 2021, de l'onction d'une victoire nette, à défaut d'être aussi massive qu'il le prétend. Considérablement aidé par l'incapacité de l'administration démocrate de Joe Biden à prendre la mesure de l'exaspération créée par une inflation durable et par une puissante vague migratoire, il a remporté le vote populaire en plus de la majorité du collège des grands électeurs (le scrutin présidentiel étant indirect aux États-Unis). Ce succès s'explique par sa progression dans l'électorat latino, au sein duquel les démocrates ont été longtemps hégémoniques, comme auprès des électeurs afro-américains séduits par le masculinisme entretenu autour de sa candidature par des influenceurs et animateurs de podcasts acquis à sa cause.

Il s'appuie sur ces atouts pour lancer, dès les premiers instants de son second mandat, une nouvelle révolution conservatrice, potentiellement plus conséquente que celle véhiculée par la présidence de Ronald Reagan (1981-1989) à laquelle Donald Trump s'est rarement référé. Cette seconde révolution emprunte à la première, restée la référence absolue du Parti républicain jusqu'à l'irruption du milliardaire, sa volonté de contraction de l'État fédéral, mais elle est loin de s'y limiter.

Alors que le trumpisme de 2017, encore balbutiant, se résumait à une hybridation entre un puissant sentiment anti-élite symbolisé par le mouvement du Tea Party qui l'avait précédé et la défense des laissés-pour-compte de la mondialisation, celui de 2025 est idéologiquement bien plus affirmé. Depuis 2016, huit années d'élections primaires dominées par le mouvement MAGA (*Make America great again*) ont transformé en profondeur un Parti républicain désormais purgé de ses moindres îlots de résistance.

Élargie électoralement, comme on vient de le voir, la coalition victorieuse va idéologiquement de la droite chrétienne au courant techno césariste incarné par les géants des nouvelles technologies présents en force à la cérémonie d'investiture. Cet approfondissement du trumpisme se lit dans la feuille de route dont le cercle de réflexion Heritage Foundation l'a doté, et qui est méthodiquement appliquée au cours des cent premiers jours de sa présidence, avec l'objectif revendiqué de transformer durablement les États-Unis.

Ce trumpisme révolutionnaire s'attaque à ce qui a longtemps défini le « Siècle américain », après la fin de la Seconde Guerre mondiale. Washington, autopromu leader du monde libre face à l'Union soviétique, avait alors mis en place un ordre international conforme à ses intérêts. Aux États-Unis, l'envergure de l'État fédéral est drastiquement réduite, l'équilibre des pouvoirs remis en cause pour le bénéfice unique de l'exécutif, et la science fait l'objet d'une offensive inédite. En dehors des frontières américaines, la primauté de la force, au mépris des alliances et du droit international, alimente une tentation impériale.

La volonté de contrôle du canal de Panama, le vœu de faire du Canada un 51e État américain et d'annexer le Groenland, outre l'américanisation du nom du golfe du Mexique, s'inscrivent dans une ambition expansionniste. La grammaire de la force s'impose également dans les guerres commerciales déclenchées par Donald Trump, qu'il s'agisse d'alliés ou de rivaux. La mise à mort de l'agence Usaid, principal contributeur mondial à des programmes de développement et de lutte contre la pauvreté et les pandémies, sonne la fin du *soft power* dont les États-Unis avaient grandement bénéficié.

Cette révolution trumpiste s'appuie sur des précédents qui jalonnent l'histoire des États-Unis. L'impérialisme et la référence à un « âge d'or » évoquent la présidence de

William McKinley (1897-1901), marquée par l'émergence d'un capitalisme vorace. La guerre contre l'immigration, relancée dès le 20 janvier 2025, renvoie à l'*Immigration Act* de 1924 qui diminue drastiquement les quotas d'immigration et aux expulsions massives, entre 1929 et 1936, de personnes d'origine mexicaine.

La présidence du républicain Richard Nixon (1969-1974) avait été marquée par une tentative d'extension des pouvoirs présidentiels. Au point de pousser le Congrès, après le scandale du Watergate, l'espionnage du Parti démocrate par la Maison Blanche, à ajouter de nouveaux « freins et contrepoids » à l'équilibre institutionnel des États-Unis.

L'offensive contre le savoir prolonge celle contre les bastions d'une élite honnie que sont les universités. Le niveau de diplôme est désormais l'une des variables les plus fiables du vote. Les non-diplômés choisissant à une forte majorité le camp républicain. Cette attaque fait écho au « procès du singe », contre la théorie de l'évolution, conduit en 1925 dans le Tennessee. Il avait été le symbole du combat opposant le christianisme évangélique à l'enseignement scientifique et de la tentation des États de la *Bible belt* de peser sur le contenu des programmes scolaires. S'y ajoutent aussi le scepticisme vaccinal et le négationnisme environnemental déjà développé par Donald Trump pendant son premier mandat.

La singularité du trumpisme de retour à la Maison Blanche est de fusionner ces différentes causes dans le projet d'un seul homme. Il ne va pas sans renoncements et échecs. Le projet de budget défendu au Congrès en 2025 renie l'engagement républicain de réduire l'énorme déficit budgétaire, tâche à laquelle s'était attelé l'homme le plus riche du monde. Devenu le premier soutien de Donald Trump pendant la campagne présidentielle, Elon Musk est tombé en disgrâce au terme d'un peu plus de cent jours passés à la tête d'un Département de l'efficacité gouvernementale caractérisé par sa brutalité et dont le bilan restera bien loin des objectifs d'économies annoncés, en dépit du licenciement de milliers de fonctionnaires.

En décidant de couper dans les dépenses sociales pour financer les baisses d'impôts des plus fortunés, Donald Trump a aussi rompu avec un engagement de son premier mandat, dévoilant la nature ploutocratique de son administration. L'effacement de la notion de conflit d'intérêt, la capitalisation de son influence dans l'écosystème des cryptomonnaies constituent d'autres ruptures avec les normes qui prévalaient jusqu'alors. Les guerres commerciales ont aussi freiné une économie en excellente santé au retour du républicain à la Maison Blanche.

« La paix par la force » dont Donald Trump a fait le pilier de sa politique étrangère a également subi son lot de déconvenues, principalement en Ukraine où prétendait faire taire les armes en vingt-quatre heures. Frustré par le jusqu'au-boutisme de Vladimir Poutine, il s'est résigné à lui lancer un ultimatum le 14 juillet et à reprendre les livraisons d'armes à Kiev. En bombardant l'Iran dans la nuit du 21 au 22 juin, ce président entré en politique en dénonçant l'interventionnisme et les « guerres sans fin » a enfin trahi sa promesse de mesurer son succès « par les guerres que nous empêcherons et, peut-être plus important encore, par les guerres que nous ne commencerons pas ».

Aucun des déboires essuyés par Donald Trump n'a cependant remis en cause sa révolution, confortée arrêt après arrêt par une majorité conservatrice, au sein de la Cour suprême, décidée à lui donner les coudées franches. Face à un Parti démocrate partagé entre le choix de la radicalité et celui de la modération, il dispose du temps nécessaire pour ancrer cette révolution dans la réalité des États-Unis jusqu'aux midterms, les élections intermédiaires prévues en novembre 2026. C'est à cette occasion que les électeurs américains qui ont majoritairement porté au pouvoir Donald Trump pour répondre à la pression migratoire et à l'inflation, avec de réels résultats pour la première, contrairement à la seconde, diront s'il a outrepassé le mandat qu'ils lui ont confié.

La révolution idéologique

1
La prise de pouvoir de la droite tech américaine
Valentine Faure

La rupture brutale et spectaculaire entre Elon Musk et Donald Trump, au début du mois de juin, ne doit pas masquer l'essentiel. La droite tech *américaine reste solidement aux côtés du 47ᵉ président des États-Unis, en espérant son soutien autant dans des procédures de justice qu'à propos de dérégulations massives annoncées le 23 juillet.*
Le rôle de plusieurs milliardaires de la Silicon Valley dans la réélection de Donald Trump à la présidence des États-Unis met en lumière l'influence d'un nouveau courant idéologique faisant le pont entre les utopies libertariennes et les valeurs conservatrices américaines.

Parmi tous ceux qui célèbrent la réélection de l'ancien président Donald Trump, peu ont autant de raisons de se réjouir qu'Elon Musk. Moins d'une semaine après le 5 novembre, sa fortune avait augmenté de 70 milliards de dollars (environ 66 milliards d'euros), soit un retour monstrueux sur un investissement dans la campagne de Trump qui semblait déjà démesuré : 120 millions de dollars, sur quelques mois.

Car la conversion de l'homme le plus riche du monde en militant trumpiste est récente. En 2020, cet ancien démocrate, qui avait l'habitude de vanter les mérites de son entreprise, Tesla, en matière de droits LGBTQ+, et finançait les démocrates comme les républicains (mais s'abstenait pour les campagnes présidentielles), répondait à la journaliste du *New York Times* Kara Swisher qui l'interrogeait sur ses idées politiques : « Je suis socialement très libéral. Et sur le plan économique, je suis peut-être à droite du centre, ou au centre. Je ne sais pas. » Il appelait simplement de ses vœux une « personne normale de bon sens », dont « les valeurs tapent pile au milieu du pays ».

Ce Musk-là est devenu méconnaissable. Désormais, jour et nuit, il partage sur X (anciennement Twitter, qu'il a racheté en 2022) ses sombres ruminations sur les migrants envahisseurs, les personnes transgenres et le « virus woke » qui menace la civilisation humaine. Avec le zèle d'un converti, il s'est employé à la réélection de Trump, mettant à son service son immense fortune, sa plateforme de communication globale et son aura d'entrepreneur de génie. Le président élu ne s'y est pas trompé : « Une star est née : Elon ! », s'est-il enthousiasmé dans un long panégyrique le lendemain de sa réélection. « C'est un super génie, il faut qu'on les protège, nous n'en avons pas tant que ça. »

La mue politique d'Elon Musk est la version tonitruante d'un basculement plus large d'une partie de la Silicon Valley – qui penche traditionnellement vers les démocrates – vers l'extrême droite. Plusieurs magnats de l'industrie ont épousé, à des degrés différents, ce même virage politique. En 2016, l'élection de Trump avait pourtant été un « choc moral » pour le monde de la *tech*, rappelle Olivier Alexandre, sociologue au CNRS et auteur de *La Tech. Quand la Silicon Valley refait le monde*[1].

D'anciens donateurs du Parti démocrate, tels que l'investisseur David Sacks, les fondateurs du plus gros fonds d'investissement au monde – qui porte leur nom –, Marc Andreessen et Ben Horowitz, ou encore les jumeaux Tyler et Cameron Winklevoss – rendus célèbres par le film *The Social Network* (de David Fincher, 2010) pour n'avoir pas créé Facebook – ont suivi la même trajectoire. Avec d'autres, ils ont rejoint Peter Thiel, fondateur de PayPal et de Palantir Technologies, rendu immensément riche par son investissement dans Facebook. Premier d'entre eux à avoir

1. Olivier Alexandre, *La Tech. Quand la Silicon Valley refait le monde*, Paris, Seuil, 2023.

soutenu Donald Trump, il est au cœur de cette nouvelle galaxie politique en formation.

« Cette “droite *tech*” est un objet politique à suivre, explique Maya Kandel, historienne associée à l'université Sorbonne-Nouvelle. C'est un nouveau centre de pouvoir politique, très influent, dans un pays où l'argent privé est le nerf de la guerre électorale. » Kamala Harris a, certes, bénéficié du soutien de riches donateurs du secteur, comme Bill Gates, le cofondateur de Microsoft, ou Laurene Powell Jobs, veuve du cofondateur d'Apple, Steve Jobs, et femme la plus riche de la Silicon Valley. La campagne de la candidate démocrate a d'ailleurs battu tous les records en levant 1,6 milliard de dollars – plus du double de celle en faveur de Trump.

Sur les quelque 70 milliardaires que compte la Silicon Valley, ils ne sont qu'une vingtaine à soutenir le 47ᵉ président des États-Unis. « Mais ces vingt personnes ont un accès direct à l'espace public médiatique mondial tel qu'ils l'ont eux-mêmes recomposé, souligne Olivier Alexandre. Les Carnegie et les Rockefeller s'impliquaient en politique et possédaient des médias. Mais la concentration des pouvoirs que ces milliardaires de la *tech* ont entre leurs mains, l'accès aux technologies et leur capacité à mettre en pratique ce en quoi ils croient, tout ça est sans précédent. » Les Carnegie et Rockefeller ne visaient pas la Lune, encore moins Mars, pas plus qu'ils ne voulaient imposer une monnaie ; les petits Américains ne portaient pas de tee-shirts à leur effigie. Ils n'avaient pas la capacité d'empêcher une opération militaire ukrainienne contre les Russes, n'étaient pas impliqués dans une course mondiale à l'armement, ni ne pensaient que la démocratie était un obstacle à l'épanouissement de l'humanité. « Ils sont encore une minorité dans la Silicon Valley, résume Lawrence Rosenthal, du Centre d'études des droites de Berkeley. Mais ce sont des guerriers politiques comme le reste de la Silicon Valley ne l'est pas. »

Le rêve d'un avenir sans règle

Longtemps, cette dernière s'est tenue à distance de la politique. Dans les années 1960, l'utopie des pionniers d'Internet était celle d'un monde où tout serait organisé autour de la communication. On rêvait d'un avenir sans règle. Les politiciens étaient perçus comme corrompus, les technologies comme la promesse d'un monde meilleur. On y prêchait un libertarisme – cette doctrine politique qui prône la liberté individuelle maximale et la limitation du rôle de l'État – indifférent à ce qui se passait sur la côte est. Un jour, la technologie rendrait caducs les clivages politiques. Ce libertarisme fait peu de cas du rôle crucial du gouvernement fédéral dans l'octroi de fonds et dans l'écosystème qui a permis l'explosion du secteur. Mais,

« jusqu'aux années 1990 et 2000, il n'y avait pas de débat : la *tech* était perçue comme une force progressiste qui permettait aux gens de s'informer, d'innover, de créer, en cassant les monopoles et en renversant les régimes autoritaires », rappelle Olivier Alexandre.

C'était avant. Avant que l'émergence d'un nouveau type de start-up comme Uber ou Airbnb ne vienne bouleverser des secteurs dont les responsables politiques ont longtemps considéré qu'il était de leur ressort de réglementer. Avant surtout que les nouvelles technologies ne deviennent synonymes de désinformation, d'atteinte à la vie privée, de risques liés à la cybersécurité ou de fraude en ligne. Que le scandale Cambridge Analytica – du nom de cette entreprise britannique utilisée par Donald Trump durant sa première campagne pour siphonner les données de dizaines de millions d'utilisateurs à leur insu – ne montre leur pouvoir de nuisance.

L'implication politique du secteur de la *tech* étant alors devenue cruciale s'est ensuivie une « demande accrue de l'opinion pour une réglementation gouvernementale de la technologie », retrace Darrell West, chercheur senior au Centre pour l'innovation technologique de l'institut Brookings. Depuis, la pandémie de Covid-19 et ses réglementations insupportables aux yeux des libertariens, la politique antitrust de Joe Biden – qui entendait limiter la toute-puissance des GAFAM (Google, Amazon, Facebook, Apple et Microsoft) et possiblement aboutir au démantèlement de Google –, la mise en place de régulations du développement et de l'usage des intelligences artificielles (IA) ont poussé certains entrepreneurs dans le camp adverse.

« Comme le dit la vieille blague soviétique, "vous ne vous intéressez peut-être pas à la politique, mais la politique s'intéresse à vous" », écrivent Andreessen et Horowitz dans un texte publié sur leur site le 5 juillet. Ils n'avaient donc « pas le choix ». Constatant l'« assaut brutal » contre les crypto-industries mené par l'administration Biden, qui menace rien moins que le « futur de la technologie, et le futur de l'Amérique » en permettant à la Chine de prendre de l'avance, ils annonçaient dans leur podcast « The Ben & Marc Show » soutenir Trump. Tant pis pour les positions radicales du candidat sur l'immigration ou l'avortement, ce sont les cryptomonnaies qui sont pour eux le « sujet le plus émotionnel ».

Ils ne sont pas les seuls. L'industrie des cryptomonnaies représente près de la moitié de l'argent versé par les entreprises aux comités d'action politique, en 2024, selon un rapport de l'ONG progressiste Public Citizen. L'investissement est payant : de la même façon que Trump avait demandé 1 milliard de dollars à l'industrie pétrolière et gazière en échange de politiques énergétiques favorables une fois qu'il serait de nouveau au pouvoir, il est promptement passé d'anti à pro-bitcoin, d'anti à pro-voiture électrique. En paroles, du moins. « Je suis pour les voitures électriques, je ne peux que l'être, car Elon m'a fortement soutenu », disait-il lors d'un meeting en août dernier. Quant à l'IA, même si, selon un sondage Ipsos, 83 % des Américains « ne font pas confiance aux entreprises qui développent des systèmes d'IA pour le faire de manière responsable », le programme républicain est clair : « Nous abrogerons le dangereux décret de Joe Biden qui entrave l'innovation en matière d'IA et impose des idées de gauche radicale au développement de cette technologie. À la place, les républicains soutiendront le développement de l'IA fondé sur la liberté d'expression et l'épanouissement de l'être humain. »

Car c'est l'idéologie qui « définit la Silicon Valley » : « Le progrès technologique doit être poursuivi sans relâche, sans se préoccuper, ou presque, des coûts potentiels ou des dangers pour la société », écrit Max Chafkin, le biographe de Peter Thiel, qu'il décrit comme le penseur et le diffuseur de cette vision. « La bureaucratie est l'ennemi général dans la Silicon Valley, souligne Olivier Alexandre. On pense que l'État n'est pas efficace, qu'il impose tout un tas de réglementations idiotes qui font perdre du temps et des talents, et qu'il faut gérer l'État comme une entreprise. » Et la chercheuse Maya Kandel de confirmer : « Cette volonté de déréglementer, de simplifier l'administration, voire de supprimer tout un tas d'agences gouvernementales nées après le New Deal, fait écho avec le propos antisystème de Trump, l'idée qu'il faut "drainer le marécage". »

Le corpus idéologique de cette droite *tech* est épars. Il se décline dans des essais, posts de blogs, podcasts ou des tweets relayés à des millions de followers (205 millions pour Musk), et quelques livres cultes, qui dessinent une ligne autoritaire, antidémocratique et antiégalitaire. Dans un long texte publié sur son site, intitulé « Comprendre la droite *tech* », le commentateur d'extrême droite Richard Hanania tente d'élaborer une définition de cette force politique naissante. « La droite *tech* combine l'acceptation des inégalités de la droite avec l'ouverture au changement de la gauche », écrit-il.

Les affinités avec la gauche s'arrêtent là. La droite *tech* s'estime muselée par la gauche libérale, considère que l'argent ne doit pas être dépensé pour réduire les inégalités, mais pour financer les progrès technologiques, rejette la discrimination positive et la « diversité ». Hanania poursuit : « Bien qu'il y ait des différences avec le conservatisme américain, il n'y a aucune raison pour que les deux parties [conservateurs et droite *tech*] ne puissent pas travailler ensemble dans un avenir prévisible. La forme de notre politique et de notre culture dans les décennies à venir dépendra de la mesure dans laquelle ils le feront. »

« Hacker » la société

Un portrait du magazine *The Atlantic* décrit le magnat Peter Thiel comme la « distillation la plus pure de l'éthique régnante de la Silicon Valley » et rapporte que le slogan de Trump, « *Make America great again* », l'avait séduit par son pessimisme : Trump, jugeait Thiel, « admettait que [les États-Unis] ne [sont] plus un grand pays ». Désintéressé par la démocratie, ce dernier a décidé de ne pas s'impliquer dans cette campagne. C'est peut-être qu'il n'a plus besoin de le faire lui-même. « Thiel est au centre de tout ce mouvement intellectuel des nationaux-conservateurs qui ont commencé à se réunir pour essayer de redéfinir une ligne intellectuelle du Parti républicain afin de coller au nouveau socle électoral de Trump », explique Maya Kandel. Il ouvre chaque année la NatCon, la Conférence du conservatisme national, qui se tient depuis 2019, et dont le but est de donner des armes intellectuelles au trumpisme. Il est depuis devenu « idéologue de Trump », selon Max Chafkin.

Le cofondateur de PayPal fait figure d'intellectuel dans la Silicon Valley. L'entrepreneur a écrit de nombreux essais, parmi lesquels *The diversity myth*[1], un traité contre ce qu'il a récemment appelé « la folie, la sottise, la stupidité et la méchanceté » de la gauche. *L'archipel du Goulag*[2] d'Alexandre Soljenitsyne et *Le seigneur des anneaux*[3] de J. R. R. Tolkien lui ont montré « combien le pouvoir politique corrompt ». En 2014, *Philosophie Magazine* l'invitait à débattre avec Pierre Manent. Face au philosophe, qui défendait la nécessité de corps politiques, Thiel rétorquait: « Nous voyons décroître la capacité des États à réaliser de grandes choses. Mais nous ne parvenons pas à imaginer ce qui pourrait les remplacer. C'est ce qui m'intéresse dans le libertarisme, cette idée qu'on peut échapper à la politique. »

L'idée est à prendre au pied de la lettre. Dans son manifeste écrit en 2009, *The education of a libertarian*, il désavouait déjà la politique électorale en tant que moyen de réformer la société. Car le peuple n'est pas digne de confiance pour les décisions importantes. « Je ne crois plus que la liberté et la

1. David O. Sacks et Peter A. Thiel, *The diversity myth: Multiculturalism and political intolerance on campus,*, The Independent Institute, 1999, non traduit.
2. Alexandre Soljenitsyne, *L'archipel du Goulag*, Paris, YMCA-Press, 1973.
3. J. R. R. Tolkien, *Le seigneur des anneaux*, Paris, Gallimard, 1954.

démocratie soient compatibles », confiait-il. Encore moins « depuis 1920 et que l'augmentation considérable du nombre de bénéficiaires de l'aide sociale et l'extension du droit de vote aux femmes – deux groupes notoirement difficiles pour les libertariens – ont transformé la notion de “démocratie capitaliste” en oxymore ».

La solution pour « trouver une échappatoire à la politique sous toutes ses formes » ? Investir de nouveaux espaces de liberté personnelle que les gouvernements ne pourraient pas atteindre : dans le cyberespace, l'espace, l'océan. Thiel est aussi un promoteur du *seasteading*, pour l'heure plus réaliste que la colonisation de l'espace, qui consiste à établir des « communautés océaniques permanentes et autonomes pour permettre l'expérimentation et l'innovation avec divers systèmes sociaux, politiques et juridiques », comme le promet le Seasteading Institute, qu'il finance. Concevant la société comme une technologie que l'on peut « hacker » et mettre à jour comme un système d'exploitation informatique, le *seasteading*, encore à l'état de projet, représente l'approche ultime de la Silicon Valley en matière de gouvernance.

Chez Thiel, la critique libertarienne du gouvernement américain s'est transformée en une volonté quasi nihiliste de le démolir. L'homme est proche du mouvement néoréactionnaire (communément abrégé en NRx) aussi appelé « *dark enlightenment* » (« lumières noires »). Ce courant de pensée est né au milieu des années 2000 dans une communauté informelle en ligne, d'où émergent les écrits d'un programmeur nommé Curtis Yarvin, qui publie sous le nom de Mencius Moldbug. Max Chafkin le décrit comme le « philosophe politique maison » du « Thielverse », l'univers qui gravite autour de Peter Thiel.

Discours crépusculaires

Ancien étudiant à Berkeley (Californie), influencé par la culture libertarienne de la Silicon Valley des années 1980 et 1990, Yarvin a, au fil de ses lectures de penseurs conservateurs, embrassé des vues antidémocratiques et racialistes. La démocratie étant un « système de gouvernement inefficace et destructeur », notre système est tellement corrompu et stagnant qu'il doit être remplacé par un « régime monarchique géré comme une start-up », estime le programmeur. Filant la métaphore informatique, il soutient que la société a besoin d'un *hard reset* ou d'un *rebooting*. La bureaucratie doit céder la place à un « CEO [PDG] national » : autrement dit, « ce qu'on appelle un dictateur ». Il pense que les différences génétiques font que certains groupes sont « plus aptes à la maîtrise », tandis que d'autres sont « plus aptes à l'esclavage ».

Cheveux longs et idées incendiaires, urbain, non croyant, habile à manipuler les technologies numériques, Curtis Yarvin est un « exemple précoce des nouvelles tendances importantes dans la pensée et l'activisme de l'extrême droite radicale, écrit l'historien Joshua Tait dans le chapitre de *Key thinkers of the radical right*[1] qui lui est consacré. Il a contribué à populariser un tournant de la droite américaine contre la démocratie et les normes conservatrices traditionnelles, tout en aidant à normaliser des vues racialistes autrefois absentes du conservatisme américain ».

Ces discours crépusculaires se retrouvent chez des intellectuels conservateurs, nationalistes et antilibéraux, dont le titre des œuvres annonce la couleur: le philosophe Yoram Hazony (*Les vertus du nationalisme*[2]) les essayistes Michael Anton (*The Stakes. America at the point of no return*[3]) et Stephen Wolfe (*The case for christian nationalism*[4]), ou encore le philosophe catholique Patrick Deneen (*Regime*

---

1. Curtis Yarvin, *Key thinkers of the radical right*, Oxford, Oxford Press, 2019, non traduit.
2. Yoram Hazony, *Les vertus du nationalisme*, Paris, Godefroy, 2020.
3. Michael Anton, *The Stakes. America at the point of no return*, Washinghton D.C., Regnery, 2020, non traduit.
4. Stephen Wolfe, *The case for christian nationalism*, Moscow, Canon Press, 2022, non traduit.

change. Towards a postliberal future[1]). Tous appellent à un changement radical de régime afin de mettre fin à la tyrannie progressiste – qui par l'avènement d'un nouveau César, qui par une contre-révolution religieuse qui mettrait fin à la séparation de l'Église et de l'état, ou par l'installation d'un « prince chrétien » qui mettrait à bas la « gynocratie américaine ».

Dans un essai publié en novembre 2023 par le *New York Times* sur ces intellectuels « catastrophistes » très influents au sein du Parti républicain, le politiste Damon Linker avertit : ignorer ces obscurs théoriciens serait mal comprendre le « rôle des intellectuels dans les mouvements politiques radicaux. Ces auteurs donnent aux élites républicaines la permission et l'encouragement de faire des choses qui, il y a seulement quelques années, auraient été considérées comme impensables ». « Les idées concernant la menace d'une gauche totalitaire toute-puissante et l'état lamentable du pays – même les plus farfelues – sont prises au sérieux par les politiciens conservateurs ainsi que par des personnalités influentes de la droite », écrit-il.

Poussé comme colistier par Musk, Thiel et le journaliste ultraconservateur Tucker Carlson auprès de Trump, J.D. Vance le disait à sa

1. Patrck Deneen, *Regime change. Towards a postliberal future*, New York, Sentinel, 2023, non traduit.

manière à un journaliste de *Tablet*: « Est-ce qu'un électeur de base de l'Ohio lit Yoram Hazony et Mencius Moldbug ? Non. Ce sont des personnes âgées. Ils vivent leur vie, ils soutiennent leur famille, ils veulent du travail. Mais sont-ils d'accord avec les grandes lignes de l'orientation que nous pensons donner à la politique publique américaine ? Absolument. » Vance est, de fait, au cœur de ce réalignement politique. « La droite *tech* a dû trouver un moyen de former une coalition avec quelqu'un qui aurait une large base électorale, explique Lawrence Rosenthal. C'est dans ce but qu'ils ont créé J. D. Vance, le politicien. »

Auteur de *Hillbilly Elégie*[1], le roman à succès consacré à son enfance difficile dans le Midwest et, plus largement, à la relégation des classes ouvrières pauvres ; sénateur antiélite passé par l'université Yale, dont la campagne sénatoriale fut largement financée par Thiel, qu'il a connu alors qu'il était lui-même capital-risqueur dans la Silicon Valley ; catholique récemment converti (il dit devoir sa conversion à Peter Thiel et à saint Augustin), « *never-Trumper* » (« jamais trumpiste ») repenti : Vance réalise une improbable synthèse entre des forces politiques de droite qui partagent surtout un ennemi commun : la gauche libérale et tous ses avatars.

1. J.-D. Vance, *Hillbilly Elégie*, Paris, Globe, 2017.

J. D. Vance est le visage de cette « nouvelle droite » qui tente de donner une orientation encore plus radicale – en matière de nationalisme, de politique anti-immigration, d'opposition à l'interventionnisme américain – à la révolution idéologique commencée sous Trump. Financée en grande partie par Thiel, elle est devenue majoritaire au sein du mouvement conservateur américain. « Cette nouvelle droite a tourné le dos à des principes fondateurs du Parti républicain, version Reagan : le libre-échange, l'ouverture à l'immigration et une politique étrangère interventionniste, qui était un peu la trilogie du Parti républicain jusque Trump », analyse Maya Kandel.

Cette ligne s'incarne dans le *Project 2025*, rédigé par la Fondation Heritage, très puissant cercle de réflexion de la droite conservatrice. Ce texte de près de 1000 pages se propose comme une feuille de route à la présidence de Trump. Il prévoit la restauration de la famille comme « élément central de la vie américaine » et l'interdiction de l'avortement. Inspiré de la théorie de l'exécutif unitaire – une théorie constitutionnelle qui prône le contrôle total de la branche exécutive par le pouvoir présidentiel –, il comprend notamment une purge de 10000 employés du gouvernement fédéral et leur remplacement par des serviteurs loyaux au pouvoir.

Des pouvoirs sans précédent

Le président de Heritage, Kevin Roberts, était l'« invité surprise » de la conférence *tech* « Reboot », tenue en septembre à San Francisco, et dont l'édition 2024 indiquait un net virage politique. « Comment le conservatisme et la technologie peuvent-ils trouver un terrain d'entente pour stimuler l'innovation tout en protégeant la liberté d'expression, les libertés individuelles et l'autogouvernance ? », s'interrogeait Roberts lors d'un débat sur « la *tech* et la république américaine ».

Il y a, en effet, de quoi s'interroger : les *big tech* sont vues par nombre de conservateurs comme un épouvantail marchant main dans la main avec l'« État profond » qu'ils dénoncent avec tant de hargne, un outil de censure au service de la diffusion des pires idées libérales, comme une menace pour l'éducation des enfants – argumentaire repris par le *Project 2025*, comme par J.D. Vance. Mais ce jour-là, alors qu'à l'autre bout du pays Elon Musk rejoignait Donald Trump sur scène pour lui manifester son soutien avec l'outrance qui le caractérise, Kevin Roberts disait finalement s'être trompé : « Les conservateurs et [les gens de la *tech*] ne doivent pas seulement collaborer, mais ils sont en réalité des esprits frères », et l'IA représente « un des plus grands espoirs pour protéger la souveraineté de l'être humain ».

Il semble qu'il faille en appeler à une valeur commune aussi abstraite que l'« épanouissement de l'être humain » pour résoudre la contradiction de cette alliance entre le parti de la tradition, qui tient le langage de la nostalgie d'une Amérique perdue, défend désormais un retour à une économie pré-*New Deal*, protectionniste et isolationniste; et une industrie aux intérêts supranationaux, qui promet au monde les bouleversements les plus violents et les plus incertains.

Après l'élection du mardi 5 novembre, les félicitations de l'élite technologique à Trump sont arrivées promptement. Il était surtout question des perspectives économiques réjouissantes pour cette nouvelle classe d'oligarques aux pouvoirs sans précédent. Jeff Bezos, qui s'était assuré que le *Washington Post*, dont il est le propriétaire, ne soutiendrait pas officiellement Kamala Harris, a salué un « retour politique extraordinaire et une victoire décisive ». Sundar Pichai, le PDG de Google, a salué l'entrée de l'Amérique dans un « âge d'or de l'innovation ».

« *FUCK yes*, a tweeté de son côté Marc Andreessen. *The romance of production is back.* » [« la passion de la production est de retour »]. Elon Musk, lui, était remercié par une nomination à la tête d'un « département de l'efficacité gouvernementale » où il prévoit une coupe du budget fédéral de 2 billions de dollars. L'Amérique a le « CEO national » dont la droite *tech* rêvait.

2

Trump 2. Des loyalistes au service de la rupture

Arnaud Leparmentier & Piotr Smolar

Alors que les premiers mois du premier mandat de Donald Trump avaient été ponctués par les évictions et les départs, son retour à la Maison Blanche s'est accompagné d'une plus grande stabilité. Mike Waltz, conseiller à la sécurité nationale nommé ambassadeur aux Nations unies, et Tulsi Gabard, directrice du renseignement national tenue à distance pendant les bombardements israéliens et américains de l'Iran, sont de rares exceptions, de même qu'Elon Musk, qui a rompu spectaculairement avec le locataire de la Maison Blanche sans avoir occupé de poste nécessitant une confirmation par le Sénat.
De retour à la Maison Blanche, lundi 20 janvier, Donald Trump s'est entouré de fidèles en vue d'appliquer un programme dominé par la répression de l'immigration, une politique commerciale agressive et la remise en cause des institutions fédérales et internationales.

New York, Washington, correspondants

Donald Trump promet « un nouvel âge d'or » aux États-Unis. À son arrivée à la Maison Blanche, il héritera, le 20 janvier, d'une économie dynamique, d'un taux de chômage très bas (4,1 %), de programmes d'investissements ambitieux dans les infrastructures et les secteurs-clés. Ses priorités affichées sont une campagne historique d'expulsions de sans-papiers, une politique agressive de droits douaniers et une reconfiguration de l'État fédéral, plier ses agents à une obligation de loyauté à son égard, mais aussi réduire un déficit budgétaire insoutenable (6,2 % du produit intérieur brut).

La composition de son équipe, à la Maison Blanche et dans les principales branches du gouvernement, témoigne de cette exigence de soumission. Elle représente aussi un risque sans précédent de confusion entre intérêt général et intérêt partisan, service du public américain et enrichissement personnel, à l'instar du rôle multiforme qu'assume Elon Musk, patron du groupe SpaceX, de Tesla et du réseau X, instrument de propagande au service du mouvement « *Make America great again* » (MAGA). L'écologie, le respect du droit international et des alliances traditionnelles des États-Unis paraissent aussi menacés.

À la Maison Blanche, fidélité et discipline

Aller vite, sans note dissonante, dans une forme de cohérence idéologique et de discipline : telle est la feuille de route de la nouvelle équipe de conseillers de Donald Trump à la Maison Blanche. La cheffe de cabinet, Susie Wiles, 67 ans, est d'une discrétion rare. La consultante républicaine, qui a codirigé la campagne du candidat, a même refusé de s'exprimer au micro, au soir de la victoire du 6 novembre 2024, malgré les encouragements du président élu. Première femme à occuper ce poste à la Maison Blanche, elle n'est pas familière du fonctionnement de l'appareil fédéral, ayant accompli l'essentiel de sa carrière dans l'État de Floride. Mais Susie Wiles tient au *process*, au contrôle strict de l'accès au président, à la définition de priorités et de calendriers contraignants. Si elle n'est pas connue pour des positions personnelles radicales, elle conçoit son engagement en matière d'efficacité.

Dans un rare entretien accordé au site Axios, réalisé par e-mail, elle expliquait, le 6 janvier, ne pas accepter « les gens qui veulent travailler en solo ou devenir une star ». Dans le *New York Times*, elle a décrit Donald Trump comme « un oiseau de nuit », tandis qu'elle-même se lève aux aurores, de sorte que la période idéale se situe « entre 14 et 19 heures », lorsqu'elle se trouve physiquement auprès du président élu.

Chef adjoint de cabinet, Stephen Miller va jouer un rôle essentiel, à la fois politique et opérationnel. Vétéran du monde trumpiste à seulement 39 ans, il est une caution de radicalité pour le monde MAGA contre les élites washingtoniennes et la lourdeur de l'appareil d'État. Stephen Miller est l'un des rares à avoir servi sous les quatre années de Trump 1, comme conseiller à la Maison Blanche. Son dossier prioritaire, presque obsessionnel, est celui de l'immigration. C'est lui qui doit coordonner en amont la politique d'expulsions massives, historique, promise par Donald Trump pendant la campagne. En 2019, la publication de la correspondance privée qu'il entretenait avec le site Breitbart News montre qu'il soutient la propagation de thèses racistes, relevant du suprémacisme blanc.

Aux côtés de Stephen Miller se trouveront un autre fidèle du président élu, Dan Scavino (49 ans), ainsi que James Blair (affaires législatives) et Taylor Budowich (communication et personnel). Porte-parole de la campagne Trump-Vance, Karoline Leavitt va devenir, à 27 ans, la plus jeune porte-parole de la Maison Blanche de l'histoire. Les règles des interactions avec la presse pourraient être bouleversées. Il est question d'élargir le *pool* des journalistes qui suivent le président au quotidien, en accordant une large place aux « nouveaux médias », aux podcasts très populaires.

Il n'est pas confirmé, par ailleurs, que la salle de presse sera toujours physiquement dans la Maison Blanche.

Obsession migratoire et risque d'instrumentalisation de la justice

Lors d'une rencontre entre Donald Trump et les sénateurs républicains, le 8 janvier, Stephen Miller a clairement expliqué les intentions de la nouvelle administration : créer une onde de choc, dès les premiers jours, avec près d'une centaine de décrets présidentiels. Ceux-ci concerneront notamment le sujet central de la campagne du magnat de l'immobilier : l'immigration. Pour y parvenir, l'un des outils juridiques consisterait à ressusciter les restrictions sanitaires du début de l'ère Covid – soit le « Titre 42 » –, qui permettaient de refouler immédiatement les migrants, sans possibilité de déposer une demande d'asile. Donald Trump a déjà évoqué son souhait de mobiliser l'armée, en particulier la garde nationale, qui pourrait servir à gérer des campements temporaires, dans des zones désertiques, où seraient retenus les clandestins interpellés.

La gouverneure du Dakota du Sud, Kristi Noem, 53 ans, a été désignée secrétaire à la sécurité intérieure. Parmi les gouverneurs, « elle a été la première à envoyer des soldats de la garde nationale pour aider le Texas à combattre la crise frontalière de Biden, et ils y ont été envoyés huit fois au total », s'est félicité Donald Trump, au moment d'annoncer sa nomination, en novembre 2024. Kristi Noem se trouvera sous l'autorité d'un homme d'expérience et de terrain, dont les associations de défense des migrants ont éprouvé la brutalité : Tom Homan (63 ans). Qualifié par Donald Trump de « tsar des frontières », il a eu récemment l'idée de mettre en place une ligne téléphonique directe, permettant aux citoyens américains de signaler la présence d'immigrants supposés clandestins ou responsables de crimes.

Interrogé par *Le Monde* en marge de la conférence de l'organisation Turning Point USA à Phoenix (Arizona), peu avant Noël, Tom Homan s'est refusé à évoquer tout calendrier contraignant pour mener à bien, par phases, la gigantesque opération d'expulsions. Les criminels et les membres de gangs sont son objectif prioritaire. « Cela prendra autant de temps que nécessaire, nous n'arrêterons pas avant d'avoir fini, a-t-il déclaré. Après les quatre années de Donald Trump, nous aurons les huit de J.D. Vance [actuellement vice-président élu], ce qui en fait douze au total. » Derrière ces propos se cache une forme de réalisme et de prudence. La facture d'une campagne massive d'expulsions pourrait s'élever à 88 milliards de dollars [85,5 milliards d'euros] annuels, selon l'estimation de l'organisation American Immigration Council.

La justice est l'autre volet de la politique intérieure qui sera très scruté. Lors de la période de transition allant de l'élection à l'investiture, le 20 janvier, le seul revers essuyé par Donald Trump a concerné le poste de secrétaire à la justice. Matt Gaetz, élu de Floride à la Chambre des représentants, qu'il avait choisi pour ce poste-clé, a dû renoncer après la révélation de scandales sexuels pour lesquels il était mis en cause.

Il a fini par proposer Pam Bondi (59 ans), dont le nom a été accueilli de façon bien plus apaisée. Ancienne procureure générale de Floride (2011-2019), avant de travailler pour le cercle de réflexion conservateur America First Policy Institute, elle possède une vraie connaissance de l'appareil judiciaire. Elle présente aussi un profil très partisan, pro-Trump, qui fait craindre une exécution habile et sans état d'âme des promesses de vengeance formulées par le président élu contre les magistrats, les enquêteurs, les journalistes ou les responsables politiques qui l'ont tourmenté.

Pam Bondi a défendu Donald Trump lors de la première procédure de destitution, lancée contre lui par les démocrates, qui s'est tenue entre la fin 2019 et le début 2020. Elle a ensuite promu ses théories sur les fraudes imaginaires, lors de sa défaite face à Joe Biden en 2020. Au ministère de la Justice, elle devrait être entourée de Todd Blanche et d'Emil Bove, deux figures familières pour ceux qui ont suivi la condamnation de Donald Trump à New York au pénal, en mai 2024, pour « falsification de documents comptables » dans l'affaire Stormy Daniels : ses propres avocats. Jamais le risque d'une politisation et d'une instrumentalisation du département de la justice n'a paru si élevé.

Le profil de Kash Patel (44 ans), pressenti pour prendre la tête de la police fédérale (FBI), est encore plus problématique. Adoré par le monde MAGA et les milieux conspirationnistes, celui-ci a publié une liste d'ennemis à poursuivre, appartenant, selon lui, à l'« État profond ». Parmi eux figure le directeur sortant du FBI, Christopher Wray, le secrétaire à la justice, le procureur général Merrick Garland, et enfin Joe Biden lui-même. Kash Patel a assuré qu'il fermerait « dès le premier jour » le bâtiment central du FBI à Washington, pour le transformer en « musée de l'État profond ».

Fils d'immigrés indiens, Kash Patel a commencé sa carrière comme avocat commis d'office (*public defender*), en Floride. Promu au sein du département de la justice, il est arrivé à Washington en 2013. En tant qu'enquêteur au Congrès, il a participé aux investigations de la Chambre des représentants sur le « Russiagate », les ingérences de Moscou dans la campagne présidentielle de 2016. C'est à cette occasion qu'il a été remarqué et apprécié par Donald Trump pour son soutien.

Une politique étrangère pro-Israël

Selon son habitude, Donald Trump a composé une équipe mixte, sans cohérence idéologique évidente, en matière de politique étrangère et de sécurité. Le président élu compte sur sa propre expérience et ses relations personnelles avec les grands leaders étrangers pour mener son mandat. Les administrations – département d'État, Conseil de sécurité nationale (NSC), etc. – devront l'appuyer et mettre en musique ses arbitrages, sans frein. Le principal critère de recrutement ne fait aucun doute : la loyauté.

La désignation du sénateur de Floride Marco Rubio (53 ans) comme secrétaire d'État est sans doute l'un des choix les moins polémiques de toute l'administration. Ancien adversaire de Donald Trump lors des primaires républicaines de 2016 et, à ce titre, victime de ses railleries, Marco Rubio a longtemps eu le profil d'un conservateur classique, persuadé de la mission américaine dans le monde, au nom de valeurs. « L'Amérique est la première puissance dans l'histoire à être motivée par le désir d'étendre la liberté, plutôt que de simplement étendre son territoire », affirmait-il devant un cercle de réflexion à Washington, en 2015.

On se demande comment le secrétaire d'État désigné accueille aujourd'hui les nouvelles prétentions territoriales, exprimées par Donald Trump, au sujet du Groenland, du

Canada et du canal de Panama, dessinant un néo-impérialisme au moins rhétorique. Jusqu'à son grand oral devant les sénateurs, ce 15 janvier, Marco Rubio est resté d'une discrétion totale durant toute la période de transition.

Il devra composer avec d'autres figures, choix personnels de Donald Trump. Avec la future ambassadrice auprès de l'ONU, Elise Stefanik (40 ans), ex-représentante à la Chambre, et l'ambassadeur désigné à Jérusalem, Mike Huckabee, ancien pasteur et gouverneur de l'Arkansas de 69 ans, Israël pourra compter sur deux relais importants. La Central Intelligence Agency (CIA) sera dirigée par Jim Ratcliffe, ancien directeur du renseignement national de 59 ans, très apprécié par le président élu pour sa capacité à repousser les normes et à adopter une approche politique des sujets. Donald Trump lui est reconnaissant d'avoir dénoncé l'enquête sur sa collusion avec la Russie, en 2016.

La désignation de Jim Ratcliffe n'a guère suscité de polémique, sans doute en raison d'autres choix bien plus controversés, comme celui de Pete Hegseth. Animateur le week-end sur la chaîne de télévision Fox News, et bien que vétéran de l'armée, il ne présente aucune des compétences nécessaires à la gestion de l'immense administration du Pentagone (3 millions de salariés civils et militaires, près de 800 milliards de dollars de budget annuel, premier arsenal nucléaire de la planète).

Âgé de 44 ans, ancien de la garde nationale, déployé en Afghanistan et en Irak, Pete Hegseth est surtout connu pour son opposition obsessionnelle au « wokisme » au sein de l'armée et son hostilité à la participation des femmes aux activités de combat, au cœur de son audition de confirmation devant le Sénat, le 14 janvier.

Les scandales entourent le présentateur télé. Il a acheté le silence d'une femme l'accusant d'agression sexuelle en 2017. Des enquêtes de la presse américaine ont révélé sa consommation frénétique d'alcool, quand il était à la tête de deux organisations de vétérans. Au moment de ces révélations, en novembre 2024, Donald Trump avait failli changer d'avis, mais la mobilisation du monde MAGA en faveur de Pete Hegseth a fait pression sur les sénateurs républicains pour que sa nomination soit confirmée.

Ces derniers sont rassurés par la présence d'Elbridge Colby (45 ans), désigné sous-secrétaire chargé de la planification politique. Hostile aux aventures militaires extérieures, ce dernier reste focalisé sur la rivalité systémique entre la Chine et les États-Unis.

Le NSC continuera de jouer un rôle-clé, opérationnel et doctrinaire, aux côtés du président. Il sera dirigé par Mike Waltz, 50 ans, ancien élu de Floride à la Chambre des représentants. Pendant la période de transition, ce dernier a noué une relation de travail confidentielle et empreinte de confiance avec Jake Sullivan, auquel il doit succéder. Le conseiller à la sécurité nationale de Joe Biden et Mike Waltz ont veillé à ce que les États-Unis parlent d'une seule voix sur le dossier des otages détenus par le Hamas, parmi lesquels figurent plusieurs Américains.

Considéré comme un républicain aux vues conservatrices classiques, Mike Waltz veut cependant effectuer une rupture franche en renouvelant complètement les effectifs du NSC. « Compte tenu de tout ce qu'il se passe dans le monde, il est très important de s'assurer que l'on dispose d'une équipe qui soit à la hauteur, et prête à travailler dès 12 h 01, 12 h 02, 12 h 03, le 20 janvier », a averti Jake Sullivan, le 12 janvier, à la télévision. Ce dernier a plaidé auprès de son successeur pour le maintien en poste de responsables non politiques au sein du NSC, issus du département d'État, de la CIA ou du FBI.

Mais, dans l'équipe Trump, obsédée par l'idée d'un « État profond » cherchant à la contrarier ou à l'entraver, c'est le principe de loyauté qui prime. Dans un entretien accordé, le 9 janvier, au site Breitbart, Mike Waltz a réaffirmé qu'il attendrait les démissions dès la première minute de son entrée en fonctions.

Il a aussi énoncé ses priorités : la paix en Ukraine, le retour d'une « pression maximale » exercée sur l'Iran, une politique d'expulsions massives de clandestins, « la réintroduction du leadership américain dans l'hémisphère occidental », comme l'a annoncé Donald Trump au sujet du Canada, du Groenland et du canal de Panama. Mike Waltz a aussi insisté sur le domaine cyber, où les États-Unis « ont beaucoup joué en défense ». Il souhaite que le pays retrouve une dissuasion plus forte contre ses ennemis en se montrant proactif et plus offensif.

Au NSC, l'un des responsables les plus politiques et les plus influents sera Sebastian Gorka. Proche de Steve Bannon, bref conseiller de Donald Trump en 2017, ce commentateur de la chaîne Newsmax de 54 ans a été désigné comme directeur du contre-terrorisme. Obsédé de longue date par l'idée d'un affrontement civilisationnel entre les mondes judéo-chrétien et musulman, il s'est autoérigé en spécialiste de la menace djihadiste, bien qu'il ne parle pas un mot d'arabe et n'ait pas d'expérience de terrain au Moyen-Orient. « C'est un escroc », déclarait, en novembre 2024, l'ancien conseiller à la sécurité nationale de Donald Trump John Bolton, à l'antenne de CNN.

Le spectre de la guerre commerciale

Elon Musk, 53 ans, l'homme le plus riche du monde, présidera aux destinées économiques du pays. Il disposera surtout du magistère de la parole, mais celui-ci est essentiel. Officiellement, le propriétaire de X, patron de Tesla et fondateur de SpaceX doit diriger, en compagnie de l'entrepreneur et candidat malheureux à la primaire républicaine Vivek Ramaswamy, 39 ans, le nouveau « département de l'efficacité gouvernementale », sorte de commission chargée de tailler à la hache dans les dépenses fédérales. Avant même d'entrer en fonctions, Elon Musk est revenu sur ses déclarations, estimant qu'il aurait du mal à réaliser les 2000 milliards de dollars d'économies promis pendant la campagne et se satisferait de la moitié.

Dans une tribune publiée en novembre 2024 dans le *Wall Street Journal*, Musk et Ramaswamy avaient détaillé leur méthode : couper dans les dépenses non autorisées par le Congrès et sabrer le pouvoir réglementaire des agences, en application d'une jurisprudence récente de la Cour suprême, pour réduire leur impact et leur coût de fonctionnement.

Elon Musk a surtout annoncé son intention de s'attaquer au Pentagone, sorte de boîte noire engloutissant chaque année 700 milliards de dollars. À court terme, il devrait réduire le budget d'institutions emblématiques de la gauche, telles que le Planning familial ou la radio publique, mesures symboliques qui ne résoudront pas le déficit abyssal laissé par Joe Biden. La gestion du budget est une prérogative du Congrès, mais il appartiendra au secrétaire au Trésor de mener les négociations et de financer le déficit, alors même que Donald Trump a prévu une baisse des impôts, notamment celui sur les sociétés, appelé à passer de 21 % à 15 % des profits.

Au Trésor est nommé Scott Bessent, 62 ans, un ancien financier de George Soros, avec qui il spécula contre la livre britannique en 1992. Pendant la campagne présidentielle, Scott Bessent, fondateur du hedge fund Key Square Capital Management, avait exprimé, en octobre 2024, ses inquiétudes au *Financial Times*: « Je crains qu'il ne s'agisse de notre dernière chance de nous sortir de cette dette et de ne pas devenir une économie de type européen, surréglementée et surendettée. »

Scott Bessent devrait aussi rassurer sur le dollar, les marchés craignant que la politique de Trump, relançant l'inflation, sape le billet vert. Le sujet est, pour l'instant, inexistant, le dollar s'étant envolé de près de 5 % par rapport aux autres devises depuis l'élection de Donald Trump. Il lui faudra aussi tempérer la volonté du nouveau président d'imposer des droits de douane tous azimuts. « En fin de compte, [Trump] est partisan du libre-échange, déclarait M. Bessent au *Financial Times*. Il veut faire monter la pression pour négocier. » Cette affirmation a failli lui coûter sa place, Donald Trump étant ferme sur les droits de douane.

Toutefois, dans cette équipe, la personnalité la plus marquante est un absent:

Robert Lighthizer, 77 ans, haut représentant pour le commerce du premier mandat de Donald Trump, personnalité rugueuse et protectionniste qui avait notamment négocié le traité avec le Canada et le Mexique, n'a pas été reconduit. C'est son ancien chef de cabinet, moins connu et moins puissant, Jamieson Greer, qui doit prendre le poste. Ce mormon âgé de 44 ans, père de cinq enfants, diplômé d'un master de la Sorbonne et de Sciences Po, fut stagiaire à la Cour de justice de l'Union européenne, à Luxembourg.

Avant son entrée en fonction, Donald Trump a menacé le Mexique, le Canada et la Chine d'un droit de douane immédiat, si ces derniers ne mettaient pas fin au trafic de fentanyl, drogue de synthèse qui fait des ravages aux États-Unis. Nul ne sait s'il s'agit là d'un bluff. Le *Washington Post* a publié un long article expliquant comment Donald Trump rétropédalait et souhaitait finalement introduire des pics tarifaires au lieu de droits généralisés – des informations démenties par l'intéressé.

Cette politique sera sans doute menée en assouplissant la guerre menée aux entreprises de la *Big Tech* par l'agence antitrust. à l'égérie de la gauche démocrate Lina Khan, c'est Andrew Ferguson qui succède à la tête de la Federal Trade Commission (FTC). Dans le sillage de Donald Trump et d'Elon Musk, cet avocat de Virginie ayant travaillé à la Cour suprême est surtout obsédé par la liberté d'expression. « À la FTC, nous mettrons un terme à la vendetta des géants de la technologie contre la concurrence et la liberté d'expression. Nous veillerons à ce que l'Amérique soit le leader technologique mondial et le meilleur endroit pour que les innovateurs puissent donner vie à de nouvelles idées », a-t-il écrit sur X.

« Forez, forez, forez »: c'est le refrain entonné par Donald Trump pour appeler à davantage de forages pétroliers. En fait, on l'entend depuis longtemps, l'Amérique de Joe Biden ayant battu des records de production d'hydrocarbures. Le problème actuel est d'éviter la surproduction et le vieillissement des installations de forage, qui risquent d'affecter la rentabilité du secteur. L'enjeu est d'accroître la production d'électricité pour alimenter les ordinateurs d'IA. Tout cela doit se faire avec force dérégulation et réduction des aides fédérales à la transition énergétique.

Pour diriger le département de l'énergie, Donald Trump a choisi Chris Wright, 59 ans, climatosceptique patron de la société pétrolière Liberty Energy et membre du conseil de surveillance d'Oklo, une start-up spécialisée dans l'énergie nucléaire. « Chris a été l'un des pionniers de la révolution américaine du schiste, qui a alimenté l'indépendance énergétique [des États-Unis] et transformé les marchés mondiaux de l'énergie et la géopolitique », s'est réjoui M. Trump, au moment de sa nomination.

Pour gérer les terres fédérales et l'exploitation de leur sous-sol, Chris Wright sera accompagné du ministre de l'Intérieur, Doug Burgum, 68 ans, gouverneur sortant du Dakota du Nord, partisan des forages pétroliers et éphémère candidat à la primaire républicaine rallié à Donald Trump.

Quant à l'agence de l'environnement, que le nouveau président veut priver d'une grande partie de ses prérogatives, elle est confiée à un novice, Lee Zeldin, républicain de New York âgé de 44 ans. « Nous allons restaurer la domination américaine sur le plan énergétique, revitaliser notre industrie automobile pour ramener des emplois aux États-Unis et faire de [ce pays] le leader mondial de l'intelligence artificielle », avait déclaré M. Zeldin dans la foulée de sa désignation, en ajoutant : « Nous le ferons tout en protégeant l'accès à l'air et à l'eau propres. »

3
L'empreinte identitaire de Donald Trump

Piotr Smolar

Les grâces accordées aux émeutiers du Capitole illustrent les marqueurs idéologiques du président américain.

Washington, correspondant

Il l'avait annoncé, une majorité d'électeurs l'a voulu : dès les premiers jours de son mandat, Donald Trump conduit un bouleversement étatique, moral et sociétal aux États-Unis. Dans son discours inaugural, lundi 20 janvier, il a promis une « révolution du bon sens ». Des termes antinomiques qui dessinent une réaction conservatrice à certaines évolutions récentes de la société américaine, notamment la reconnaissance et la promotion de la diversité sexuelle et raciale. Cette réaction s'accompagne d'une novlangue populiste observée dans d'autres pays, qui remplace les faits par la répétition de slogans.

Rien ne l'illustre davantage que la grâce présidentielle accordée à tous les 1500 émeutiers – « les otages » – du 6 janvier 2021 au Capitole, à quelques exceptions près. L'intention de Donald Trump ne faisait guère de doute. Depuis quatre ans, grâce à des relais médiatiques puissants, il avait promu l'idée que les coupables de cette insurrection étaient des victimes. Mais la décision de gracier aussi les auteurs de violences contre les 140 policiers blessés représente le marqueur le plus fort de ce début de mandat. Selon le site Axios, elle aurait été prise « à la dernière minute », saluée par cette phrase du président, rapportée par un conseiller : « Et puis merde. Relâchez-les tous. »

Cette décision, critiquée par 58 % des Américains selon un sondage Reuters, a provoqué le trouble chez de nombreux élus républicains au Congrès. Le principal syndicat de policiers – Fraternal Order of Police – s'est ému de cette grâce générale, profitant notamment à 174 personnes condamnées pour avoir agressé les forces de l'ordre avec des objets dangereux voire létaux. Les experts en violences extrémistes s'alarment d'une invitation à la récidive ou au passage à l'acte pour des individus ou des groupes armés se sentant protégés par la bienveillance de la Maison Blanche. « L'État de droit est mort », disait avec amertume Michael Fanone, officier de police de Washington ayant défendu le Capitole, sur CNN mercredi.

Donald Trump a été interrogé sur la libération des chefs des milices extrémistes armées, les Oath Keepers et les Proud Boys : Stewart Rhodes et Enrique Tarrio. Il a estimé que leurs peines étaient « ridicules et excessives ». Il s'agit « de gens qui en réalité aiment [les États-Unis] », a-t-il ajouté, à propos de ces condamnés pour « conspiration séditieuse ». Mercredi, Stewart Rhodes, condamné à dix-huit ans de prison, était vu dans l'une des cafétérias du Capitole.

Les élus républicains choisissent pour la plupart de détourner l'attention sur Joe Biden. Juste avant de quitter la Maison Blanche, ce dernier a accordé une grâce présidentielle très controversée à des membres de sa propre famille. Mais ce souci clanique malvenu n'a rien à voir avec la réhabilitation en fanfare d'émeutiers ayant attenté à la démocratie américaine, tenté d'interrompre la certification de l'élection présidentielle et agressé, pour certains, des policiers. Une enquête fédérale de plusieurs années est ainsi piétinée et ses responsables traînés dans la boue, menacés de poursuites. « Nous croyons dans la rédemption, nous croyons en une seconde chance », a prétendu, de son côté, Mike Johnson, le speaker républicain de la Chambre des représentants, au sujet des graciés.

« Changement sismique »

« C'est un grand, grand navire, et nous le faisons virer aussi vite qu'un grand navire peut virer », a expliqué le président au sujet du pays, lors de l'un des bals fêtant son entrée à la Maison Blanche. Outre l'immigration, promesse centrale de campagne, l'équipe Trump s'est focalisée, dans les décrets présidentiels, sur un abandon sec des évolutions progressistes prisées par une partie de la société américaine, que l'administration Biden avait encouragées. Pour l'heure, un brouillard épais s'installe, ne permettant pas de distinguer ces messages politiques tranchés de leur traduction concrète.

Dans son discours inaugural, Donald Trump a promis de « forger une société qui sera indifférente à la couleur de peau et basée sur le mérite », s'engageant même à réaliser le « rêve » de Martin Luther King. Une récupération à couper le souffle. Par décret, le président a, en effet, tiré un trait sur un texte fondateur signé par son lointain prédécesseur, Lyndon Johnson, en 1965, interdisant la discrimination sur la base de la religion, de la couleur de peau, des origines ou du sexe. Donald Trump attaque ici les dispositifs de discrimination positive. Il s'inscrit dans la continuité de la décision de la Cour suprême, en juin 2023, bannissant son usage à l'entrée des universités.

Le nouveau décret dénonce « les préférences dangereuses, dégradantes et immorales, basées sur la race et le sexe », qu'ont adoptées « le gouvernement fédéral, les grands groupes, les institutions financières, l'industrie médicale, les grandes compagnies aériennes civiles, les agences chargées de l'application de la loi et les institutions de l'éducation supérieure ». Selon le décret, « l'unité nationale » serait menacée, de même que les « valeurs américaines traditionnelles ». Soit la méritocratie, mot-valise prisé des républicains. Le message politique est limpide, mais la mise en musique réglementaire et concrète, dans le privé comme dans le public, demeure suspendue notamment à maintes contestations judiciaires, déjà lancées.

L'administration Trump 2 veut imposer sur-le-champ dans le secteur public la suppression de tous les programmes DEI (diversité, équité, inclusion), dans un mouvement parallèle à celui suivi par certains grands groupes privés. La vague anti-« woke » prétend ainsi rétablir un équilibre dans la société. Le Bureau de gestion du personnel a informé tous les employés de ces programmes qu'ils étaient placés en congé, à compter de mercredi soir. Les administrations concernées sont priées de préparer des plans de réduction des effectifs, autrement dit des licenciements.

Le Wisconsin Institute for Law & Liberty (WILL), organisation conservatrice ayant plaidé en faveur de ces mesures, s'est félicité d'avoir été entendu. L'un de ses juristes, Dan Lennington, a salué un « changement sismique », permettant de « mettre fin à des décennies de racisme en Amérique financé par l'argent du contribuable ». Le WILL a estimé à « au moins 124 milliards de dollars » (119 milliards d'euros) les économies budgétaires possibles, chiffre invérifiable.

Autre marqueur identitaire très attendu : un décret présidentiel dispose que « la politique des États-Unis consiste à reconnaître deux sexes, masculin et féminin ». S'en prenant à « l'identité de genre », qui serait « déconnectée de la réalité biologique », le texte impose à toutes les administrations d'utiliser le mot « sexe » plutôt que « genre » dans les formulaires officiels. En 2022, l'administration Biden avait franchi un pas très critiqué à droite, en offrant la possibilité d'inscrire un « X » neutre à la rubrique du genre, dans les passeports.

La réaction est aujourd'hui puissante. L'importance symbolique et identitaire accordée par les démocrates à ce sujet n'avait jamais été comprise, et encore moins admise, par une partie de l'Amérique, bien au-delà de la base des fidèles trumpistes, à l'instar du choix des pronoms. L'un des clips de campagne les plus ravageurs du milliardaire se concluait par ce slogan : « Kamala [Harris] est pour eux/elles. Le président Trump est pour vous. »

Le faux nez du « bon sens »

Il existe aussi, au cœur de ce trumpisme, un cliché délavé emprunté à la gauche, mais réinterprété : celui de la jouissance sans entraves. Elle relève du registre sémantique de la libération, lorsque Donald Trump parle de l'exploitation des ressources énergétiques du sol américain, sans un mot pour l'écologie. Mêmes ressorts dans la célébration d'une levée de la censure sur les réseaux sociaux, priorité du monde MAGA (*Make America great again*), défendant une liberté d'expression absolue.

Le procureur général des États-Unis – qui sera sans doute Pam Bondi, après confirmation au Sénat – est ainsi invité à enquêter sur les quatre années passées, pour identifier les violations de ce droit constitutionnel des citoyens américains. Là aussi, le « bon sens » est un faux nez. La ministre pourra compter sur un nouvel allié à Washington. Donald Trump a choisi Ed Martin, avocat de plusieurs émeutiers du 6 janvier 2021, comme procureur par intérim du district de Columbia (DC). Ed Martin était présent au Capitole le jour de l'assaut. Il avait écrit sur Twitter : « Comme un mardi gras à DC aujourd'hui : amour, foi et joie. »

La présidence hors normes

4
Gouvernance américaine

Gilles Paris

Les attaques de l'administration de Donald Trump contre les universités se sont étendues en mai à la plus prestigieuse d'entre toutes, Harvard, qui contrairement à Columbia, a choisi de se battre pied à pied contre les coupes budgétaires, les tentatives d'interdiction d'accueil des étudiants étrangers et de révocation d'un statut fiscal favorable, instrumentalisés par la présidence. L'offensive contre les universités illustre une stratégie : celle de l'intimidation. En multipliant les menaces contre les personnes et les institutions qu'il considère comme hostiles, le président américain instaure un climat délétère, qui fragilise les institutions américaines.

Washington - envoyé spécial

La tactique militaire *shock and awe*, pour « choc et effroi », revient souvent pour qualifier les premières semaines de la seconde présidence de Donald Trump. En matière de guerre, il s'agit d'écraser le plus vite possible l'adversaire en recourant à une puissance de feu à laquelle il ne peut répondre. La comparaison n'est pas usurpée autant pour le nombre de fronts ouverts simultanément que pour le recours à l'intimidation comme instrument jugé légitime par la nouvelle administration.

L'assaut lancé contre les universités, considérées comme des bastions d'une élite vouée aux gémonies, paie. Menacée de coupes claires dans les aides fédérales dont elle bénéficie, l'université Columbia, à New York, théâtre à partir de mars 2024 des plus fortes mobilisations étudiantes contre la guerre conduite par Israël à Gaza, a cédé le 21 mars aux exigences de supervision de son fonctionnement avancées par l'administration Trump. Cette attaque sans précédent contre la liberté académique n'a suscité aucune réaction d'envergure.

Dans un entretien au *New York Times*, le 7 mars, un influent activiste conservateur, Christopher Rufo, a défendu l'instrumentalisation du financement des universités par le gouvernement fédéral qui vise à placer ces dernières « dans une situation de terreur existentielle ». Les établissements les plus prestigieux ne sont pas les seuls concernés. Dans le seul État du Michigan, au moins deux sont également menacés de coupes budgétaires et un troisième est touché par celles visant l'Agence américaine pour le développement international (Usaid) que la nouvelle administration entend supprimer.

La pression a également contraint, le 20 mars, un influent cabinet d'avocats, Paul Weiss, mis en cause par l'administration pour compter dans ses rangs des juristes liés aux enquêtes ayant visé Donald Trump, à se plier aux injonctions présidentielles. Il s'est engagé à défendre à ses frais certaines causes de l'administration. Le 14 mars, un décret avait suspendu les habilitations de sécurité de ses avocats et réduit l'accès de ses membres aux bâtiments gouvernementaux ainsi qu'à des contrats fédéraux, menaçant son existence.

Il s'agissait de la troisième attaque contre des avocats après celles qui ont visé, le 25 février et le 6 mars, deux autres cabinets réputés, Perkins Coie et Covington and Burling. Ces derniers ont travaillé par le passé pour le Parti démocrate ainsi que pour le procureur indépendant Jack Smith, chargé des enquêtes contre Donald Trump pour son rôle dans le coup de force du 6 janvier 2021 et la conservation illégale de documents classifiés. Une juge a temporairement bloqué, le 12 mars, l'un de ces décrets, estimant que cet « esprit de représailles [lui] fai[sai]t froid dans le dos ». Le président a publié un nouveau décret le 22 mars visant officiellement à « prévenir les abus du système juridique » qui généralise ces menaces.

Vent de panique

Les juges fédéraux qui ont osé bloquer les décrets présidentiels les plus controversés font déjà l'expérience de cette stratégie de la peur. Ils sont quotidiennement insultés par de hautes figures de l'administration : le président, le vice-président et l'homme le plus riche du monde, Elon Musk, chargé par M. Trump de couper dans les dépenses fédérales. Le camp présidentiel dénonce un acharnement de juges politisés, parfois traités de « dingues de gauchistes », passant sous silence le fait que jamais auparavant un président pourtant assuré du soutien d'un Congrès tout à sa dévotion n'a autant gouverné par décret ou cherché avec une telle opiniâtreté à tester les limites de ses prérogatives.

Cette stigmatisation est décuplée par le réseau social X d'Elon Musk. La famille d'une juge conservatrice de la Cour suprême, Amy Coney Barrett, qui a apporté la voix décisive, le 5 mars, dans une décision défavorable à l'administration, a également été visée. Au rang des intimidations, des juges ont été ciblés à leur domicile par des livraisons en apparence anodines de pizzas, suggérant que leur adresse était connue.

Ces incidents ont alarmé les services de police chargés de la sécurité des magistrats, et tiré de sa réserve habituelle John Roberts, le président de la Cour suprême, la plus haute instance judiciaire des États-Unis, qui a mis en garde contre les périls de telles mises en cause. Les conservateurs rappellent, eux, qu'un homme avait été arrêté en 2022 alors qu'il envisageait de tuer le juge de la Cour suprême nommé par Donald Trump, Brett Kavanaugh, pour des raisons politiques.

Ces menaces contre les juges fédéraux auraient été certainement relativisées si Donald Trump, au premier jour de son nouveau mandat, n'avait pas gracié quasiment toutes les personnes jugées et condamnées pour leur participation aux violences ayant accompagné l'assaut contre le Capitole, le 6 janvier 2021. Y compris celles qui s'étaient attaquées aux forces de l'ordre.

Donald Trump, qui a privé de protection fédérale d'anciens membres de son administration devenus critiques, a, de même, déclaré « nuls et non avenus » les pardons présidentiels par anticipation paraphés par son prédécesseur, Joe Biden, pour protéger de sa vindicte les républicains qui avaient participé à une commission d'enquête de la Chambre des représentants consacrée à cet assaut. Motif avancé dont il est peu probable qu'il puisse être retenu : le démocrate aurait utilisé un mode de signature automatique.

L'intimidation s'étend bien au-delà des juges. La presse que Donald Trump a régulièrement ciblée par des procédures judiciaires a été de nouveau attaquée lors d'un discours tenu au département de la justice, le 14 mars, au cours duquel le président américain a qualifié d'« illégal » le travail d'investigation des journalistes le visant.

Des symboles peuvent faire les frais de cette stratégie. La maire démocrate de Washington, Muriel Bowser, a ainsi fait disparaître les grandes lettres jaunes des mots « *Black lives matter* » peintes sur la chaussée après la mort de George Floyd, en 2020, un Afro-Américain victime d'une arrestation violente par un officier de police de Minneapolis. Ces lettres avaient été peintes à proximité d'un square jouxtant la Maison Blanche, où Donald Trump, alors président, s'était rendu en signe de défiance contre la vague de protestation qui avait embrasé le pays. L'édile a pris cette décision pour éviter que sa ville, qui dispose d'un statut particulier en tant que capitale fédérale, ne subisse des mesures de rétorsion, notamment financières.

L'intimidation peut être plus insidieuse. Un vent de panique s'est répandu parmi les résidents titulaires de la « carte verte » originaires du Proche-Orient après des expulsions motivées par des accusations de soutien à des organisations jugées terroristes par les États-Unis. « Je ne pensais pas que j'aurais à dire un jour à mes proches, dans ce pays, d'éviter de publier leurs opinions politiques sur des réseaux sociaux », avoue un ancien procureur adjoint des États-Unis, naturalisé depuis trente ans, s'exprimant sous couvert d'anonymat.

Le silence du monde des affaires

Les Églises les plus impliquées dans l'aide aux migrants ont aussi pris note des attaques publiques de Donald Trump contre l'évêque épiscopalienne de Washington, Mariann Budde, qui en avait appelé, le 21 janvier, au cours de la messe à laquelle assistait le président, à sa « miséricorde » à l'égard des minorités sexuelles et les migrants. Elles ont choisi de riposter sur le terrain judiciaire, note Robert Jones, qui dirige un cercle de réflexion consacré aux questions religieuses, le Public Religion Research Institute à Washington.

Le *Wall Street Journal* a consacré, pour sa part, un article éclairant au silence de très hauts responsables du monde des affaires. Quelques heures après avoir pesté unanimement contre les hausses de taxes d'importation décidées par Donald Trump dans le huis clos d'une table ronde organisée à Washington, le 11 mars, ces mêmes responsables se sont gardés de la moindre critique quelques heures plus tard, à l'occasion d'une rencontre publique avec le président. Au cours d'un sondage impromptu réalisé pendant la table ronde, selon le *Wall Street Journal*, près de la moitié d'entre eux (44 %) avait déclaré que le marché boursier devrait chuter de 20 % avant qu'ils osent prendre la parole.

Le Parti républicain n'est pas épargné par le recours à l'intimidation. « Par le passé, il arrivait bien évidemment qu'on ne soit pas d'accord entre nous, y compris publiquement, mais le parti est devenu particulièrement clanique », euphémise un ancien des deux administrations Bush, qui n'est pas autorisé à s'exprimer publiquement du fait de ses fonctions actuelles. L'intimidation a permis de ramener dans le rang les sénateurs qui auraient pu mettre en échec les nominations les plus controversées de Donald Trump.

Certains élus préparent même des projets de loi nourrissant un véritable culte de la personnalité : imprimer des billets de banque à l'effigie de Donald Trump, déclarer fête fédérale son jour de naissance, ou sculpter son portrait sur le mémorial du mont Rushmore qui honore d'anciens présidents des États-Unis. Aucune voix républicaine n'a osé protester contre l'organisation, le 11 mars, à la Maison Blanche, d'une présentation de modèles de la marque Tesla, alors que les actions du constructeur automobile, propriété d'Elon Musk, sont en chute libre.

Pas plus de réactions lorsque le secrétaire au commerce, Howard Lutnick, a recommandé le 20 mars, également sur Fox News, d'investir dans cette entreprise. La procureure générale des États-Unis (ministre de la Justice), Pam Bondi, avait dit la veille que les actes de vandalisme contre les voitures de cette marque relevaient, selon elle, du « terrorisme intérieur ».

Lors de son audition de confirmation par le Sénat, le 22 janvier, le candidat de Donald Trump pour le poste de directeur du bureau de direction et du budget, l'un des plus stratégiques de la Maison Blanche, Russell Vought, a dû longuement s'expliquer sur des déclarations passées dans lesquelles il défendait la nécessité de « traumatiser » les employés fédéraux, en riposte à ce qu'il présentait comme « une prise de contrôle marxiste » des institutions américaines. « Nous voulons que quand ils se réveillent le matin, ils ne veuillent pas aller travailler, parce qu'ils sont de plus en plus considérés comme les méchants », avait-il assuré.

« Maccarthysme »

Ancien de la première administration de Donald Trump, alors directeur d'un cercle de réflexion se revendiquant de la droite religieuse, Russell Vought a participé au programme de gouvernement supervisé par la Heritage Foundation, le laboratoire d'idées le plus influent de la droite américaine, en grande partie repris par le président américain. Dans ce « Project 2025 », il avait plaidé pour « un usage agressif des vastes pouvoirs de l'exécutif ». Ce programme est à l'œuvre depuis deux mois. Il consiste en des vagues massives de licenciements et en la suppression des programmes en faveur de la « diversité, de l'équité et de l'inclusion ».

Le « traumatisme » revendiqué par Russell Vought est devenu réalité à l'heure de la généralisation « du fait accompli » décrit par un visiteur européen bon connaisseur des institutions américaines, s'exprimant sous couvert d'anonymat. La tactique de la nouvelle administration consiste, selon lui, à traiter par le mépris les recours judiciaires en pariant que leur lenteur contraindra les fonctionnaires limogés à trouver, d'ici à leur épilogue, d'autres moyens d'existence.

Dans un salon intellectuel de la très démocrate capitale fédérale, où se retrouvent ce soir de mars le chroniqueur d'un grand quotidien, d'ex-hauts fonctionnaires et un ancien conseiller de Hillary Clinton, un terme revient pour décrire le climat qui règne sur la politique américaine : le « maccarthysme », en référence à la chasse aux sorcières visant les communistes ou supposés tels dans les années 1950. C'est aussi celui qu'utilise Michel Roth, président de l'université Wesleyan, dans le Connecticut, qui ne touche pas d'argent fédéral, et est l'un des rares à protester publiquement contre les atteintes à la liberté académique et à la liberté d'expression. « Cela a commencé par les athlètes transgenres. Puis on est passé aux universités, considérées comme les lieux où l'on trouve une élite trop sûre d'elle-même. Si personne ne dit rien, le tour viendra pour d'autres, à qui on posera la seule question qui compte [pour cette administration] : “Votre loyauté nous est-elle acquise ?” On vit dans un pays tellement décentralisé du fait de son histoire que la question de la loyauté au leader à Washington n'a pas été posée comme elle l'est aujourd'hui depuis longtemps, si jamais elle l'a été », assure Michel Roth.

John Fortier, de l'American Enterprise Institute, un cercle de réflexion conservateur de Washington, juge « appropriée » l'expression « *shock and awe* », mais estime, paradoxalement, qu'elle peut être perçue par les républicains « comme un compliment », en témoignant d'une meilleure organisation de l'actuelle administration par rapport au premier mandat de Donald Trump. M. Fortier se montre, en revanche, dubitatif en ce qui concerne l'accusation de « maccarthysme », estimant qu'elle s'inscrit dans la droite ligne d'un discours présentant le républicain comme une menace pour la démocratie. « C'est une forte conviction au sein du Parti démocrate, surtout chez les diplômés, j'en conviens, mais elle n'est pas vraiment partagée au-delà », estime-t-il.

Le 14 février, à la conférence sur la sécurité de Munich, le vice-président, J. D. Vance, a estimé que « la menace la plus inquiétante » était celle qui « v[enait] de l'intérieur » lorsque l'on s'éloigne « de certaines de ses valeurs les plus fondamentales ». Il parlait des Européens, mais pour une partie de ses concitoyens, l'avertissement vaut aussi pour son propre pays.

5
Gouvernement Trump. Les révolutions de Trump 2 pour changer le visage des États-Unis

Piotr Smolar

La nouvelle administration américaine s'efforce d'imposer, non sans brutalité, la purge de l'État fédéral, un conservatisme sociétal et le replacement des États-Unis dans le concert des nations.

Washington, correspondant

Avec le recul, la brume se dissipera. On tâtonnera moins pour qualifier la foudroyante prise du pouvoir par l'équipe Trump, depuis le 20 janvier. Elle n'a rien à voir avec une alternance classique. Le candidat avait clairement énoncé ses projets radicaux. Pourtant, une tétanie semble avoir saisi les parlementaires américains – démocrates désorientés, républicains pleutres ou conquis –, les médias traditionnels et la partie progressiste de la société civile. La multitude des fronts ouverts simultanément empêche de voir le tableau d'ensemble.

D'autant que ce même mouvement trumpiste, qui se vante de promouvoir la transparence et une liberté d'expression absolue, avance dans une opacité préméditée pour redéfinir le périmètre et la nature de l'État fédéral.

Donald Trump et son équipe enfoncent des portes dont les serrures et les fixations semblent soudain d'une fragilité extrême. « En dix-sept jours, on a accompli ce que certains ont fait en huit ans », se gaussait le président le 6 février. Lui et son entourage estiment qu'ils ont dix-huit mois pour changer le visage de l'Amérique. Sans compromis, sans faiblesse. Puis viendra le temps, déjà, des élections de mi-mandat. Les seuls résultats économiques ne diront pas tout, loin de là, de l'ère actuelle. Les anticorps de la démocratie américaine sont déjà sollicités. Mais dans les ressorts psychologiques actionnés, il existe un écho d'une autre époque, celle du sénateur républicain Joseph McCarthy, obsédé par la purge anticommuniste en Amérique et la notion d'« ennemis de l'intérieur », reprise par Donald Trump. En 1950, le sénateur annonçait « la bataille finale et totale entre l'athéisme communiste et la chrétienté ». Le président actuel, lui, qualifie les magistrats qui l'ont poursuivi de « marxistes fous » et fait du « wokisme » un épouvantail.

Les révolutions de Trump 2 rencontreront bientôt le mur froid des réalités économiques et judiciaires. Déjà se profilent de laborieuses négociations au Congrès pour financer les baisses d'impôt promises ou la campagne d'expulsion massive de clandestins. Mais ces ambitions radicales méritent d'être énoncées, au-delà de la saturation médiatique entretenue par Donald Trump. Les trois révolutions entreprises concernent la purge de l'État fédéral, à la fois politisé et réduit, la réaction sociétale et le replacement des États-Unis dans le concert – ou plutôt la cacophonie – des nations, avec une approche néoimpérialiste des relations internationales.

Une présidence à la hache

L'utilisation de décrets présidentiels est un classique de la politique américaine, en début de mandat. Mais personne n'avait encore cherché à susciter une telle onde de choc, comme Donald Trump, avec plus de cinquante *executive orders*, de l'essentiel au futile. Depuis des mois, ses conseillers avaient préparé les textes-clés, poli les argumentaires juridiques. Il ne s'agissait pas seulement de marquer une rupture avec l'ère Biden, mais de transformer l'équilibre des pouvoirs : élargir le périmètre de l'exécutif, en finir avec l'autonomie du ministère de la Justice, contourner dès que possible le Congrès, et assumer la confrontation avec des États démocrates. Donald Trump se mêle ainsi de la gestion des réservoirs d'eau en Californie et veut poser ses conditions à la ville de Los Angeles, dévastée par les incendies, avant de lui délivrer l'aide fédérale. En outre, son administration porte plainte contre la ville de Chicago et l'Illinois pour obstruction à sa politique migratoire.

« Nous sommes dans une crise constitutionnelle », a dit le sénateur démocrate Chris Murphy (Connecticut). Les conseillers de Donald Trump ont anticipé le fait que certaines initiatives controversées seraient dénoncées devant les tribunaux. Plusieurs dizaines de plaintes ont déjà été déposées en justice. Lundi 10 février, un juge fédéral du Rhode Island a rappelé la Maison Blanche à ses obligations, estimant qu'elle n'avait pas respecté un jugement précédent suspendant le gel de dépenses fédérales. Mais Donald Trump est bien mieux préparé à cette confrontation qu'en 2017-2021. Ses propres affres judiciaires en attestent et ses avocats, Todd Blanche et Emil Bove, sont dorénavant les adjoints de la ministre de la Justice, Pam Bondi.

Exemple : Donald Trump a décidé de renvoyer dix-sept inspecteurs généraux veillant à l'application des règles éthiques et à la lutte contre la corruption. Leur préavis de trente jours n'a pas été respecté. Mais plus personne ne semble se soucier de ces formes inscrites dans la loi. Qu'est-il arrivé au Congrès, d'habitude si sensible à ses prérogatives ? Les républicains disposent d'une majorité confortable au Sénat (53-47), mais d'une faible avance à la Chambre des représentants (218-215). Les têtes ne dépassent pas. Le processus de confirmation du cabinet Trump, au Sénat, se passe pour l'heure sans accroc, ce qui est en soi une preuve de soumission, tant certains profils paraissent problématiques, tel celui de Kash Patel à la tête de la police fédérale (FBI).

S'il est confirmé, ce dernier aura la charge, avec l'attorney général Pam Bondi, de la supposée « dépolitisation » de la justice. Leur mission réelle est inverse, dans la foulée de la grâce présidentielle quasi totale accordée aux 1 400 émeutiers du 6 janvier 2021 au Capitole. Donald Trump avait promis une vengeance contre ceux, au cœur du fantasmé « État profond », qui l'avaient tourmenté. Il s'agit à présent d'organiser une purge partisane, qui représente un danger pour la sécurité nationale. À peine confirmée, Pam Bondi a décidé de démanteler la task force chargée des ingérences étrangères pour se limiter aux enquêtes sur « l'espionnage plus traditionnel ». Elle a aussi mis fin à l'unité KleptoCapture, dont la mission était de traquer les actifs de personnalités et entités russes pour en obtenir la saisie.

Après le renvoi de hauts responsables du FBI, le ministère de la Justice s'est fait communiquer la liste d'environ 5 000 agents et analystes impliqués dans les investigations qui ont visé Donald Trump. À la Central intelligence agency (CIA), un plan de départs volontaires – notamment par retraite anticipée – a été mis en place pour une partie des agents. Selon le *New York Times*, la direction a communiqué au bureau de gestion du personnel, par e-mail non sécurisé, la liste de toutes les personnes (avec prénom et initiale du nom) recrutées depuis deux ans, afin d'offrir une marge de manœuvre à l'exécutif, décidé à couper dans les effectifs. Parmi ces arrivées récentes, beaucoup de spécialistes de la Chine.

C'est Elon Musk, le patron de Tesla et du réseau X, qui organise l'étisie imposée à l'État fédéral, au nom de la lutte contre la dette fédérale (36 000 milliards de dollars, soit 35 000 milliards d'euros). Soit une cure brutale d'amincissement, sans audit ni implication du Congrès, conduite par le milliardaire et une poignée d'ingénieurs, réunis au sein du nouveau département de l'efficacité gouvernementale (DOGE), crée par décret présidentiel. Ils ont pris d'assaut les administrations. Ils multiplient les atteintes aux règlements et à la loi. C'est la politique du fait accompli.

La prise en main du système de paiements du Trésor, l'accès à des bases de données confidentielles, la violation des protocoles de sécurité, l'utilisation possible de l'intelligence artificielle (IA) pour traquer des dépenses indues de l'assurance maladie, ou même pour remplacer le personnel dans des départements entiers…, les sujets d'inquiétude sont multiples. Sans compter les problèmes éthiques posés par l'engagement d'Elon Musk. En vérité, celui-ci a carte blanche. Aucun contrôle ne semble exister sur l'entreprise de démolition conduite par le milliardaire, qui a financé la campagne du président à hauteur de 280 millions de dollars et déclenche des rafales de désinformation sur le réseau X. Par exemple contre Usaid, l'agence chargée de l'aide humanitaire et du développement économique dans le monde, dont Elon Musk organise le démantèlement. Le 7 février, un ouvrier sur une grue a dévissé les lettres formant le nom de l'agence sur la façade, dans une atmosphère de deuil.

Qualifiée d'« organisation criminelle » par le patron de Tesla, l'agence va être fondue dans le département d'État, avec des effectifs hyper-réduits, qui pourraient passer de 10 000 personnes à 290. C'est pourtant le Congrès, et lui seul, qui a le droit de remettre en cause une agence fédérale. De la même façon, Donald Trump veut supprimer le département de l'éducation, en renvoyant aux États une grande partie de ses prérogatives. Un rêve entretenu de longue date par la droite religieuse et les pourfendeurs de l'école publique, au nom du « libre choix » des parents. Un rêve qui pourrait se transformer en accélérateur des inégalités entre États.

Les élus démocrates n'ont pu accéder aux locaux d'Usaid, ni à ceux du département de l'éducation. Les syndicats et les organisations de gauche contestent en justice la mise en place d'un plan de départs volontaires – dit « congé administratif », avec salaire assuré jusqu'en octobre – offert à 2 millions d'employés du secteur public. Pour l'heure, selon la Maison Blanche, 65 000 ont accepté. Personne, à ce stade, ne peut imaginer à quoi ressemblera l'État fédéral dans six mois. Mais l'obligation de loyauté et de discipline partisane infuse déjà, tandis que s'esquisse un affrontement sans précédent entre le pouvoir exécutif et les juges, le premier estimant que les seconds n'ont pas la légitimité de le bloquer.

Le vice-président, J.D. Vance, a donné un aperçu de cette approche, dans un message sur X, le 9 février. « Si un juge essayait de dire à un général comment conduire une opération militaire, ce serait illégal. Si un juge essayait de donner des ordres au procureur général sur la façon d'employer ses prérogatives comme accusateur publique, ce serait aussi illégal. Les juges ne sont pas autorisés à contrôler le pouvoir légitime de l'exécutif. » Elon Musk, lui, appelle à la destitution de 1 % des juges fédéraux par an, « les plus corrompus et les moins compétents ».

La société en marche arrière

Donald Trump a accroché un portrait de Ronald Reagan dans le bureau Ovale. Son lointain prédécesseur, qui avait le premier utilisé le slogan « *Let's make America great again* » (« Redonnons sa grandeur à l'Amérique »), disait ceci dans son discours d'adieu, en janvier 1989, après huit ans de présidence : « On a appelé cela la révolution Reagan. Eh bien, je l'accepte, mais pour moi, cela a toujours plutôt ressemblé à une grande redécouverte, la redécouverte de nos valeurs et de notre bon sens. »

L'administration Trump se drape dans ce même « bon sens » pour organiser une réaction conservatrice, au profit de l'Amérique blanche et chrétienne, même si des franges plus diverses de la population peuvent soutenir telle ou telle initiative, comme celle définissant l'existence de deux sexes, masculin et féminin. « Deux réalités peuvent être vraies simultanément : la gauche de la justice sociale, ou "woke", a été, de façon inutile, bornée et obsédée par le langage, aliénant de larges pans du public avec son engagement en faveur d'une moralisation manichéenne, et le retour de bâton anti-woke, en début de second mandat de Trump, va être corrosif », écrivait le journaliste Ross Barkan le 29 janvier dans le *New York Magazine*.

Avec l'immigration, les marqueurs identitaires ont été au cœur des décrets présidentiels.

Une cible prioritaire a été désignée : les programmes DEI (diversité, équité, intégration). Un procès en sorcellerie a été ouvert contre tous ceux participant à ces initiatives, dans les administrations. Un décret évoque « un immense gâchis public et une discrimination honteuse » – sous-entendu, aux dépens des Blancs et des hétérosexuels. Le Pentagone est considéré comme un lieu prioritaire à libérer des chaînes du « wokisme ». Même approche sur l'école publique. Selon le décret du 29 janvier, les parents ont assisté à « l'endoctrinement de leurs enfants dans des idéologies radicales antiaméricaines alors que la supervision parentale était délibérément bloquée ».

Au sein de l'État fédéral, les programmes DEI ont été fermés, les employés placés en congé administratif, tandis que certains grands groupes privés sabordaient leurs propres initiatives. La charge de la culpabilité est renversée, et le monde MAGA (*Make America great again*) jouit d'une forme de revanche historique. L'administration Trump n'a qu'un mot à la bouche : « méritocratie ». Il permet soudain d'enterrer la question raciale. La Maison Blanche pense que la décision de la Cour suprême en juin 2023 rejetant les dispositifs de discrimination positive à l'entrée des universités représente un socle juridique solide pour une révision des victoires progressistes acquises depuis les années 1960.

La réaction sociétale concerne aussi la place de la religion. Donald Trump prétend que Dieu l'a sauvé lors de la tentative d'assassinat à Butler (Pennsylvanie), le 13 juillet 2024. Le président a annoncé la mise en place d'une *task force*, sous l'autorité de la ministre de la Justice, destinée à lutter contre les « préjugés antichrétiens », dans les administrations et les politiques publiques. L'idée de « persécutions » contre les croyants – surveillance par le FBI, poursuites judiciaires – a été diffusée de longue date au sein du monde MAGA. Dans la même logique, dès le 23 janvier, Donald Trump a gracié vingt-trois militants dits « pro-vie », qui avaient participé au blocage de cliniques où se pratique l'avortement.

Le dernier marqueur identitaire essentiel est la remise en cause du droit du sol, pour les enfants de migrants illégaux. Il s'agit selon les juristes d'une atteinte évidente au 14e amendement de la Constitution. Trois juges fédéraux ont déjà suspendu l'application du décret présidentiel. Toutefois, pour l'équipe Trump, le plus important n'est pas le résultat final, mais la guerre culturelle imposée, la modification des termes du débat public sur ce qu'est la citoyenneté, et qui peut y prétendre. Le trumpisme est aussi une confiscation du patriotisme, interprété de façon défensive et agressive, les démocrates peinant à s'adresser à l'ensemble de la communauté nationale, et non à ses segments particuliers.

L'Amérique d'abord, sans alliés fiables

Dès son retour à la Maison Blanche, le 20 janvier, Donald Trump a signé un décret exécutif visant à retirer les États-Unis de l'Organisation mondiale de la santé (OMS). L'administration a annoncé la sortie des États-Unis de l'accord de Paris sur le climat, symbolique d'un engagement sur un sujet majeur, méprisé par les républicains. Washington a aussi imposé des sanctions contre les magistrats de la Cour pénale internationale, révisé son engagement au sein de l'Organisation des Nations unies pour l'éducation, la science et la culture (Unesco) et décidé l'arrêt de sa contribution à l'agence de l'ONU pour les réfugiés palestiniens (UNRWA), qui était déjà gelée. Simple pays observateur, les États-Unis n'assisteront plus aux travaux du Haut-Commissariat des Nations unies aux droits de l'homme.

Tous ces signaux étaient attendus et s'inscrivent dans la continuité du premier mandat de Donald Trump, marqué par une défiance envers toutes les organisations multilatérales. Pour le président, la politique étrangère est un autre champ de bataille contre les valeurs libérales. Le démantèlement de l'agence Usaid ne répond pas seulement à un souci d'économies. Il est aussi une façon de mettre un terme à la promotion de valeurs démocratiques à l'étranger, d'un journalisme libre, de la culture du droit international, du pluralisme, que ce soit en Asie centrale ou sur le continent africain. Ce faisant, les États-Unis se privent d'un outil précieux en matière d'influence, de *soft power*. Le nouvel exceptionnalisme américain ne repose pas sur la défense d'un modèle et de valeurs, d'une sorte de mission civilisatrice, mais sur la domination incontestable du dollar, la puissance militaire et les ressources naturelles.

Au-delà de Donald Trump, il existe toute une génération MAGA, représentée par le vice-président J. D. Vance, qui a été profondément marquée par le gâchis et les mensonges de la guerre en Irak, déclarée en 2003. Il s'agit d'un moment pivot, pour cette partie de la droite américaine, démontrant l'hypocrisie qui serait au cœur du consensus bilatéral sur la politique étrangère. « Nous mesurerons notre succès non seulement par les batailles que nous remportons mais aussi par les guerres que nous achevons, et peut-être de façon plus importante, les guerres dans lesquelles nous ne nous engageons jamais », a dit Donald Trump dans son discours d'investiture.

La dimension nouvelle dans l'approche de son administration réside dans la priorité accordée au renforcement de la sphère d'influence américaine sur son propre continent, une notion géopolitique prisée par la Russie et la Chine pour contrer l'ordre libéral. Washington emprunte à la grammaire géopolitique de ces pays. La Maison Blanche réinterprète aussi la doctrine de James Monroe, le président qui avait conceptualisé, en 1823, la séparation entre les continents américains et les puissances coloniales européennes cherchant à les assujettir. Une doctrine assez vague pour être revisitée selon les époques, comme l'avait fait John Fitzgerald Kennedy, au moment de la crise des missiles soviétiques à Cuba, en 1962.

Donald Trump a fait campagne comme candidat de la paix, en Ukraine et au Proche-Orient. Il s'est lancé ensuite dans des diatribes néoimpérialistes, au nom du préjudice subi, selon lui, par les États-Unis de toutes parts, de nature financière et commerciale. L'hypothèse d'une annexion du Groenland en atteste. À l'en croire, on aurait massivement abusé de la naïveté ou de la bienveillance américaine, à l'instar de la cession au Panama de son canal par le président Jimmy Carter, en 1977. Donald Trump a dénoncé la mainmise chinoise sur cette artère stratégique et les taxes payées par les navires américains, envisageant de reprendre le contrôle du canal par la force.

Même approche vis-à-vis de l'un des plus proches alliés des États-Unis, le Canada, à la fois menacé d'une hausse des taxes douanières de 25 % – comme le Mexique – et invité à devenir le 51e État du pays. Après avoir signé un décret présidentiel instaurant ces taxes, Donald Trump est revenu en arrière, en offrant un répit d'un mois au Mexique et au Canada.

Préméditation, improvisation ? Le plus important est la brutalité de la méthode employée, confirmant que Washington ne réserve aucun traitement de faveur à ses alliés. Les Européens s'attendent à une prochaine guerre commerciale, complète ou sectorielle. Le Japon et la Corée du Sud ne sont guère rassurés. Dans l'approche de Donald Trump, les droits de douane sont la panacée. Ils permettraient de dynamiser la production industrielle américaine, en rapatriant des chaînes de production et en attirant des investissements étrangers. Ils rééquilibreraient la balance commerciale déficitaire avec de nombreux partenaires.

Ils s'inscrivent aussi dans une vision idéalisée de l'Amérique de la fin du XIXe siècle, sous la présidence de William McKinley (1897-1901), qui aurait assuré la prospérité du pays, selon Donald Trump, par le recours aux taxes douanières. La tentation du magnat de l'immobilier est de remplacer autant que possible l'impôt sur le revenu par cette forme d'impôt indirect. Dans cette perspective, Donald Trump a annoncé la création d'un « service du revenu extérieur », chargé de collecter ces taxes.

Cette approche de l'économie et de la politique, qui consiste à attaquer l'État fédéral, à déréglementer, à mépriser l'écologie et à prendre des risques inflationnistes, est la plus grande vulnérabilité du président américain. Donald Trump a été élu sur deux promesses :

lutter contre l'immigration illégale et contre le coût de la vie. Aujourd'hui, son premier opposant n'est ni un démocrate ni un juge. C'est l'œuf. Son prix a augmenté de 37 % en un an, et pourrait encore croître de 20 % en 2025. Washington et ses affres paraissent très loin de la plupart des Américains. Leur supermarché, lui, est à quelques pâtés de maisons.

6
Avec Trump, la poutinisation de la politique américaine

Piotr Smolar

La mise en cause brutale du président Volodymyr Zelensky par Donald Trump et son vice-président, J. D. Vance, dans le Bureau Ovale de la Maison Blanche, le 28 février, restera comme l'une des séquences les plus spectaculaires du second mandat du républicain. Il s'agit du signe d'un mépris sans précédent des usages diplomatiques et le jalon d'un effritement de la relation transatlantique.
Credo illibéral, culte du leader et aspirations néo-impérialistes : le nouveau locataire de la Maison Blanche promeut des idées et des méthodes proches de celles du Kremlin avant de changer de ton en juillet vis-à-vis de Vladimir Poutine faute de pouvoir parvenir à un cessez-le-feu dans la guerre d'agression russe contre l'Ukraine.

Washington, correspondant

Il a qualifié Volodymyr Zelensky de « dictateur ». Il a accusé l'Ukraine d'avoir prolongé la guerre depuis trois ans, dont l'origine aurait été, à l'en croire, la perspective d'adhésion à l'OTAN offerte à Kiev. Est-ce Vladimir Poutine qui parle ainsi ? Non, Donald Trump. La confusion se comprend au regard de l'incroyable retournement en cours à Washington. Pente illibérale, mépris pour le droit international, aspirations néo-impérialistes, politisation de l'appareil d'État, confusion entre intérêts publics et privés, culte du leader dans son camp et dans des médias conservateurs propagandistes : les États-Unis se « poutinisent » à grande vitesse. Ce néologisme ne dit pas une stricte équivalence, chaque pays ayant ses ressorts propres et son histoire, mais une contamination, un transfert de culture politique.

Lorsque l'Union soviétique s'est effondrée, fin 1991, l'idée d'une victoire définitive sur le communisme, après des décennies de guerre froide, suscitait une euphorie à Washington. Le modèle libéral triomphait : démocratie et économie de marché allaient de pair.

Mais lorsque Vladimir Poutine a été élu président, en 2000, la revanche de l'appareil sécuritaire russe a débuté. L'objectif était de réimposer une verticale du pouvoir stricte dans le pays et d'inspirer de nouveau crainte et respect à l'extérieur. Vingt-cinq ans plus tard, le retour de Donald Trump à la Maison Blanche et les ruptures violentes qu'il impose aux États-Unis et dans le monde couronnent la revanche finale de Vladimir Poutine. « C'est un gars très intelligent, c'est une personne très rusée », a dit en lui rendant hommage le président américain, mercredi.

L'exceptionnalisme dont se prévalait l'Amérique depuis la Seconde Guerre mondiale, déjà entamé par la guerre antiterroriste post-11-Septembre et l'aventure militaire désastreuse en Irak, a bien vécu. « La cité lumineuse sur une colline », pour paraphraser l'expression du président Ronald Reagan (1981-1989), a éteint ses feux. On n'est jamais à la hauteur d'une telle ambition, mais ne plus l'avoir, c'est s'affaisser. Le 24 février, à l'Assemblée générale des Nations unies, les États-Unis ont voté aux côtés de pays aussi peu recommandables que la Biélorussie, la Russie, la Hongrie ou le Soudan, pour s'opposer à une résolution qualifiant Moscou d'agresseur dans le conflit en Ukraine.

« Emmerder les États-Unis »

La fracture inédite avec les alliés européens est à la fois une séparation annoncée de longue date et un deuil à assumer pour ces derniers. « L'Union européenne a été fondée pour emmerder [*screw*] les États-Unis », a lancé Donald Trump, mercredi. Les États-Unis adoptent un discours victimaire, comme la Russie. Le milliardaire prétend que son pays a été abusé par ses alliés sur le plan commercial et sécuritaire, du Canada à l'Indo-Pacifique, en passant par l'Europe. Tous auraient prospéré à ses dépens. Vladimir Poutine, lui, assure que les Occidentaux ont menti au sujet de l'extension de l'OTAN jusqu'aux frontières russes et qu'ils ont cherché à susciter des révolutions « de couleur » en Géorgie ou en Ukraine.

La tentative de règlement du conflit en Ukraine illustre le changement radical de cap à Washington. L'accord sur l'exploitation des ressources minières ukrainiennes, que l'administration Trump a négocié de manière brutale avec Volodymyr Zelensky, n'est accompagné d'aucune garantie claire de sécurité pour l'avenir. La Maison Blanche a attaqué la légitimité du dirigeant ukrainien, son honnêteté aussi. La stratégie américaine qui se dessine est celle d'un vaste règlement bilatéral avec Moscou, qui commencerait par un cessez-le-feu et se poursuivrait par des projets économiques communs.

Donald Trump assume une vision de l'histoire partagée avec Vladimir Poutine, celle des grandes puissances qui font et défont les frontières. Tous deux méprisent la Cour pénale internationale et le catéchisme démocratique. Dans cette vision, les alliés importent peu, les instances multilatérales sont des coquilles vides que les États-Unis désertent volontiers. Le monde est fait de chasseurs et de proies. Vladimir Poutine a conquis 20 % du territoire géorgien, a annexé la Crimée en 2014 et revendique la conquête définitive de l'est de l'Ukraine, en attendant peut-être un jour d'absorber la Biélorussie ? Donald Trump parle de reprendre le contrôle du canal de Panama, de saisir le Groenland, de transformer le Canada en 51e État.

Peu importe leur crédibilité : ces propos témoignent d'un égal mépris pour les peuples de ces pays et valident l'idée de zone d'influence, à disposition des grandes puissances. Celle des États-Unis est l'ensemble du continent américain. Celle de la Russie est l'ancienne périphérie soviétique. Celle de la Chine ? À ce jour, Donald Trump, pourtant très prolixe devant la presse, n'a tenu aucun propos rassurant à l'égard de Taïwan en cas d'invasion décidée par Pékin.

« Trump représente une vision de la fin XIXe, début XXe siècle, sur une Amérique en marche, mais confinée à sa propre sphère d'influence, et pas le genre à se retrouver embarquée dans les affaires européennes, explique Sergueï Radchenko, professeur à la School of Advanced International Studies de l'université Johns-Hopkins. Il voit l'hémisphère occidental comme la sphère d'influence de l'Amérique, mais il est moins intéressé par l'idée de défier les rivaux américains dans d'autres parties du monde. En termes d'impérialisme du XIXe siècle, Poutine et Trump semblent donc parler le même langage. »

Même si le Kremlin mise ponctuellement sur un rapprochement avec Washington, il ne révise pas pour autant sa stratégie bilatérale sur le long terme. Elle consiste à imaginer Donald Trump en… Mikhaïl Gorbatchev américain. Soit un dirigeant animé d'intentions réformistes dans une URSS agonisante, ne comprenant pas les mécanismes qu'il déclenchait, précipitant la décomposition de son pays. Depuis des années, Moscou et Pékin parlent de la fin du monde unipolaire et de la centralité américaine. Ce ciment idéologique commun ainsi que leurs liens économiques renforcés depuis trois ans compromettent les fantasmes entretenus par certains dans l'administration Trump : l'idée qu'un rapprochement avec Moscou permettrait de décrocher la Russie du train chinois.

L'autre forme de poutinisation de l'Amérique concerne la politique intérieure. On ne sait à ce stade si la tentative trumpienne de reformatage de l'État fédéral, de contournement ou de destruction des contre-pouvoirs va réussir. Il faudra des mois avant que le brouillard se dissipe et qu'on mesure la distance entre les intentions et la réalité. Mais l'entreprise de la Maison Blanche est d'une ambition rare : agrandir au maximum le champ de l'exécutif.

Il serait frivole d'établir une comparaison stricte avec la pyramide néoféodale russe, reposant sur une répression massive – dont des assassinats d'opposants – et une bureaucratisation complète des sujets de la Fédération de Russie. Les États ont beaucoup de pouvoir en Amérique, des prérogatives garantissant une forte autonomie. Néanmoins, il est frappant de constater des ressorts communs.

Donald Trump impose comme critère de promotion une loyauté de fer et une absence de scrupules. Ses conseillers, comme Stephen Miller, avaient théorisé de longue date la nécessité d'élargir le périmètre des postes dits « politiques » dans la haute administration, pour soumettre toutes les branches et agences du gouvernement – dont le ministère de la Justice – à la volonté présidentielle. Soit une verticale du pouvoir à laquelle résistent bien peu les élus républicains au Congrès. Il reste les juges fédéraux, vigies essentielles.

Donald Trump développe aussi une forme de hiérarchie informelle, dans laquelle des proches, sans fonction traditionnelle, au carrefour des affaires et de la politique, jouent un rôle majeur. Une pratique russe classique. C'est le cas de sa vieille connaissance Steve Witkoff, magnat de l'immobilier devenu son envoyé spécial au Proche-Orient et avec la Russie. Mais l'exemple le plus marquant est Elon Musk. Le patron du groupe SpaceX est présenté par la Maison Blanche comme un « employé spécial du gouvernement », ce qui ne veut rien dire. « Elon, pour moi, est un patriote », a déclaré

Donald Trump. « En fait, je me qualifie moi-même d'humble soutien technologique », a dit le concerné, jeudi, lors de la première réunion des membres du cabinet Trump.

« Ennemis de l'intérieur »

À la tête du département de l'efficacité gouvernementale, Elon Musk provoque un chaos dans les administrations fédérales, au nom de la lutte contre le gaspillage et de l'impératif de loyauté. L'homme le plus riche du monde tient aussi dans sa main la foudre du réseau X, qu'il peut déclencher à volonté contre telle ou telle cible. La confusion des registres – intérêts privés, plateforme toute-puissante, service public – est totale.

Lors de son discours d'adieu, Joe Biden avait mis en garde contre le risque présenté par une « oligarchie ». Elle est là. Le 25 février, Donald Trump annonçait son intention de lancer une *gold card*, soit la possibilité d'accéder à une carte de résident aux États-Unis contre 5 millions de dollars (4,8 millions d'euros). « Je connais des oligarques russes qui sont des gens très bien », a-t-il répondu lorsqu'on l'interrogea sur ces possibles prétendants.

La comparaison entre Elon Musk et Boris Berezovsky, cardinal noir de Boris Eltsine, symbole de l'avènement des oligarques russes profitant du chaos des années 1990 pour piller les actifs de l'État, est un exercice intéressant. Mathématicien de formation, mort, en 2013, en exil, Berezovsky était d'un cynisme consumé et d'une intelligence redoutable. Il comprenait l'intérêt d'instrumentaliser une menace intérieure pour consolider le régime, qu'elle soit communiste sur un plan électoral ou islamiste, en Tchétchénie. Elon Musk, lui, désigne l'État fédéral à la vindicte populaire.

Donald Trump, pour sa part, a ponctué sa campagne de références aux « ennemis de l'intérieur » (magistrats, journalistes ou démocrates). C'est un refrain classique dans les démocraties illibérales, mettant sous tension extrême l'État de droit, et bien sûr dans les régimes autoritaires. Donald Trump n'a d'ailleurs aucune révérence pour la Constitution. Malgré le 22e amendement qui interdit cette possibilité, il n'a cessé de faire des allusions ou des plaisanteries sur le fait qu'il pourrait être candidat à un troisième mandat.

Vladimir Poutine, lui, en est à son sixième à la tête du pays. « La peur, à Moscou, n'est pas simplement que Trump et Musk s'inspirent du Kremlin, écrit le journaliste russe Mikhaïl Zygar dans *Vanity Fair*. C'est qu'ils pourraient affiner la formule, transformant l'audace autoritaire de Poutine, marque autrefois singulière, en norme mondiale. »

7
Les affaires de la famille Trump dans le Golfe

Arnaud Leparmentier

Les fils du président passent des contrats avec Riyad, Doha et Abou Dhabi sans se soucier des conflits d'intérêts.

New York, correspondant

C'est la soirée où il fallait être. Pas le dîner des correspondants de presse de la Maison Blanche, traditionnellement boudé par Donald Trump, mais l'*after*, organisé le 26 avril dans un lieu confidentiel du quartier Georgetown, à Washington, par le club ultra-select l'Executive Branch. Pour y adhérer, il faut verser un demi-million de dollars (440 000 euros), et il y a déjà une liste d'attente, révélait ce jour-là le site Politico. Le club est lancé par le fils de Donald Trump, Donald Jr, qui s'est associé avec le banquier donateur Omeed Malik, fondateur de l'entreprise de capital-risque conservatrice 1789 Capital, mais aussi Zach et Alex Witkoff, les enfants de l'envoyé spécial diplomatique du président, l'ancien magnat immobilier, Steve Witkoff.

Car, pendant que Donald Trump est à la Maison Blanche, les affaires continuent. La planète entière accourt, comme elle accourait sous son premier mandat à l'hôtel de Washington de Trump, revendu entre-temps, se disant qu'au fond un ticket d'entrée de 500 000 dollars est un investissement judicieux pour une rencontre tarifée qui déclenchera un juteux contrat, un décret favorable ou un revirement politique soudain à la Maison Blanche.

Contrats troublants

Les fils de Donald Trump, Donald Jr, 47 ans, et Eric, 41 ans, font du business, ostensiblement, pour leur compte et celui de leur père qui, officiellement, ne gère rien, mais possède beaucoup dans la Trump Organization et la galaxie de l'empire bâti sur son image. Le *New York Times* a publié, le 5 mai, une enquête édifiante sur les fils Trump, qui ont parcouru l'Europe et le Proche-Orient depuis le retour de leur père aux affaires, pour promouvoir la marque immobilière Trump et faire fructifier leur business de cryptodevises, dont s'est entiché le 47e président américain.

Ce dernier a découvert qu'il pouvait encaisser des sommes considérables en vendant des jetons à son effigie, et ses fils ont lancé, en septembre 2024, une entreprise de cryptomonnaies,

World Liberty Financial (WLF), avec les fils Witkoff. La Maison Blanche n'y voit aucun problème éthique. « Les actifs du président sont détenus dans une fiducie gérée par ses enfants, a déclaré, au *New York Times*, Anna Kelly, du service de presse de la Maison Blanche. Il n'y a aucun conflit d'intérêts. »

Le 9 mai, la porte-parole de la Maison Blanche, Karoline Leavitt, s'est agacée devant les journalistes : « Il est franchement ridicule que quiconque dans cette salle puisse suggérer que le président Trump agisse pour son propre profit. Il a quitté une vie de luxe où il dirigeait un empire immobilier très performant pour le service public. C'est un président qui a en réalité perdu de l'argent en étant président. » Ce n'est pas l'avis du sénateur démocrate du Connecticut Chris Murphy, qui estimait, fin avril, que « l'arnaque aux cryptomonnaies de Trump est le plus grand scandale de corruption de l'histoire de la présidence américaine et [ils] devr[aient] commencer à le traiter de cette façon ».

Nul ne parvient à chiffrer précisément l'enrichissement de la famille Trump, nul juge n'a prouvé de corruption, mais les circonstances de la signature des contrats annoncés sont plus que troublantes et les conflits d'intérêts patents.

Ainsi en était-il lors d'un gala à la gloire des cryptomonnaies qui se tenait à Dubaï, aux Émirats arabes unis, mercredi 30 avril et jeudi

1er mai. L'événement, intitulé « Token2049 », rassemblait quelque 15 000 fans ayant payé de 500 à 5 000 dollars leur ticket. À la tribune, Eric Trump fait figure de guest-star. Le fils du président codirige la firme de cryptomonnaies WLF et fait équipe avec Zach Witkoff, qui se tient à ses côtés. Ce dernier annonce au public que le fonds souverain d'Abou Dhabi MGX va utiliser USD1, une cryptomonnaie créée par la compagnie WLF valant 1 dollar, pour investir 2 milliards de dollars dans la plate-forme de cryptomonnaies Binance. « Nous remercions MGX et Binance pour leur confiance. Ce n'est qu'un début », déclare Zach Witkoff.

Les conflits soulevés par ce dossier sont majeurs. D'abord, la famille du président des États-Unis est en affaires, directement qui plus est, avec un gouvernement étranger. De plus, l'investissement va à Binance, une société fondée par le Sino-Canadien Changpeng Zhao. L'homme a été condamné à quatre mois de prison après avoir plaidé coupable de non-respect de la loi sur le blanchiment et se trouvait encore dans une prison californienne en septembre 2024. En dépit de ses dénégations, il cherche à obtenir une grâce présidentielle.

Pour couronner le tout, le même jour, l'agence Bloomberg révélait que la Maison Blanche envisageait un éventuel assouplissement des restrictions sur les ventes des puces d'intelligence artificielle de Nvidia aux Émirats arabes unis à l'approche du voyage de Donald Trump dans la région, du 13 au 16 mai.

C'est surtout avec l'Arabie saoudite que se multiplient les interactions de la famille Trump. Donald Trump avait créé un précédent en consacrant sa première visite à l'étranger, le 20 mai 2017, à Riyad, où il avait effectué une danse du sabre restée célèbre. Son gendre Jared Kushner, aujourd'hui âgé de 44 ans, alors conseiller du président et marié à sa fille Ivanka, 43 ans, avait participé aux négociations sur le rapprochement entre Israël et le royaume, avant de lancer son fonds d'investissement Affinity Partners.

Investissements de luxe

Six mois après le départ de Trump de la Maison Blanche en janvier 2021, le fonds a reçu 2 milliards de dollars du fonds souverain de l'Arabie saoudite. Le prince héritier, Mohammed Ben Salman, était passé outre les objections de l'autorité qui supervise les investissements. Officiellement, Jared Kushner était retiré de la politique, mais, en septembre 2024, l'agence Reuters a révélé que, depuis son départ de la Maison Blanche, il avait participé à des pourparlers impliquant le roi d'Arabie saoudite sur le dossier des relations entre Israël et le royaume.

Ron Wyden, président démocrate de la commission des finances du Sénat, avait alors dénoncé le fait que « les investissements dans les fonds gérés par Affinity créent des conflits d'intérêts sans précédent, et que les investisseurs d'Affinity ne soient peut-être pas motivés par des considérations commerciales, mais plutôt par la possibilité de canaliser l'argent d'un gouvernement étranger vers des membres de la famille du président Trump, à savoir Jared Kushner et Ivanka Trump ».

Les fils Trump n'en finissent pas de tisser des liens avec les intérêts saoudiens. Le 30 avril, la firme d'investissement à capitaux saoudiens cotée à Londres, DarGlobal, et la Trump Organization ont annoncé le projet d'une tour de luxe de 80 étages, à Dubaï, aux Émirats arabes unis, soit un investissement de 1 milliard de dollars. « Bientôt disponible ! Trump International Hotel & Tower Dubaï », a posté, ce jour-là, Eric Trump sur le réseau social X, avec des images d'artistes de la tour. Le lendemain, le 1er mai, des photos publiées sur X montrent le même Eric Trump célébrer, au Qatar, le lancement d'un nouveau golf, avec des villas en bord de mer, tandis qu'un investissement de luxe à Djedda, en Arabie saoudite, est aussi annoncé.

Ces affaires pourraient être masquées lors des annonces des patrons des grandes entreprises américaines qui se déplaceront avec Donald Trump dans les pays du Golfe, mi-mai. Le président américain se prépare à leur faire une fleur, laissant entendre que les États-Unis pourraient désormais appeler le golfe Persique « golfe d'Arabie ». Selon le *New York Post*, le président sera accompagné des plus grands patrons américains, dont Elon Musk (Tesla, SpaceX, xAI), Mark Zuckerberg (Meta), Larry Fink (BlackRock), Sam Altman et Kelly Ortberg (Boeing) pour une conférence d'investisseurs surnommée par un participant facétieux « MAGA du désert », avec des milliards de dollars d'investissements et de contrats à la clé.

Série de discours rémunérés

L'objectif est d'atteindre les 600 milliards de dollars d'investissements annoncés par le prince héritier Mohammed Ben Salman lors de son coup de téléphone de félicitations à Donald Trump en janvier. Le voyage pourrait aussi se solder par un accord majeur pour développer le secteur de l'énergie nucléaire en Arabie saoudite.

Selon la chaîne ABC, à l'occasion de ce voyage, Donald Trump pourrait accepter un Boeing 747 de luxe de la famille royale du Qatar qui serait transféré à la bibliothèque présidentielle du président des États-Unis. L'entourage de Donald Trump s'efforce de trouver un fondement légal à ce don, révèle la chaîne ABC.

Plus modeste, l'Europe orientale est aussi un terrain de prédilection de la famille Trump, surtout dans les pays économiquement fragiles, peu stables ou sujets aux influences russes. C'est là que Donald Trump Jr a fait une tournée de dix jours, fin avril. Il a fait escale en Hongrie, en Roumanie, en Serbie et en Bulgarie, dans le cadre d'une série de discours rémunérés baptisés « Trump Business Vision 2025 », le tout agrémenté de rencontres avec des responsables politiques comme le président serbe, Aleksandar Vucic, et le ministre des Affaires étrangères hongrois, Peter Szijjarto. Ce dernier a déclaré après la rencontre, selon la radio des Hongrois de Cleveland (Ohio) : « Nous n'avons discuté de rien, car [Donald Trump Jr] n'est pas un représentant officiel des États-Unis, donc je décrirais ce qui s'est passé comme une conversation. »

La région est aussi arpentée depuis longtemps par l'entreprenant Jared Kushner. Ce dernier a conclu, en 2024, un accord avec le gouvernement serbe pour construire un hôtel sur le site de l'ancien quartier général de l'Armée populaire yougoslave bombardé par l'OTAN en 1999. En septembre, le *New York Times* a révélé que Jared Kushner et son épouse prévoyaient de construire un complexe hôtelier somptueux sur une île inhabitée d'Albanie, Sazan, pour 1 milliard de dollars. Des investisseurs locaux mécontents s'interrogent sur la manière dont les permis ont été concédés et se demandent si le gouvernement albanais courtise le gendre du président américain pour s'attirer les faveurs politiques du président Trump. Le Premier ministre albanais, Edi Rama, a contesté cette affirmation. Officiellement, le couple Jared Kushner-Ivanka Trump s'est retiré de la politique après le premier mandat de Donald Trump.

8
La « doctrine » Trump en politique étrangère. Trump ravive le mythe de la frontière

Valentine Faure

Le président américain utilise l'imaginaire fondateur de la conquête de l'Ouest pour décrire des États-Unis, dont la prospérité, économique comme politique, reposerait sur une expansion sans limites, du Groenland à l'espace.

Mardi 4 mars, devant le Congrès, Donald Trump adressait un message menaçant au « peuple incroyable du Groenland », ce « très grand territoire » dont les Américains ont « vraiment besoin pour la sécurité internationale » : « Je pense que nous l'obtiendrons – d'une manière ou d'une autre, nous l'obtiendrons. Nous assurerons votre sécurité. Nous vous rendrons riches. Et ensemble nous porterons le Groenland vers des sommets que vous n'auriez jamais crus possibles auparavant. »

Les visées expansionnistes répétées de Trump – envers le Groenland, le Canada, ou le canal de Panama – s'expliquent par d'évidentes justifications d'ordre économique et géostratégique. Mais l'ambition renoue aussi avec un imaginaire national que l'on croyait tombé en désuétude : celui de la « frontière », qui fait de l'Amérique un pays étendant sans cesse son territoire.

Difficile d'imaginer plus éloigné du mythe de la conquête de l'Ouest que Donald Trump, un milliardaire né à New York, propriétaire d'un triplex doré au sommet d'un gratte-ciel, surtout connu jusque-là pour vouloir au contraire renforcer d'un mur la frontière sud du pays. Et pourtant : « L'esprit de la frontière est inscrit dans nos cœurs, s'enthousiasmait-il lors de son discours d'investiture, le 20 janvier. L'appel de la prochaine grande aventure résonne au plus profond de nos âmes. [...] Nos ancêtres américains ont transformé un petit groupe de colonies à la lisière d'un vaste continent en une puissante république, étendue sur des milliers de kilomètres à travers une terre accidentée et sauvage. »

Le 14 janvier, Eric Teetsel, vice-président du cercle de réflexion The Center for Renewing America, proche de M. Trump, publiait dans le magazine *World* (dont la devise est « Un journalisme sensé, fondé sur les faits et la vérité biblique ») une tribune dans laquelle il situait la proposition de Trump concernant le Groenland dans la tradition des « explorateurs défiant l'adversité à la poursuite d'une vie meilleure ». Longtemps, « la politique intérieure et étrangère des États-Unis a été dictée par l'impératif de contrôler notre destin d'un océan à l'autre, écrit Teetsel. Trump fait revivre cet esprit ».

Même enthousiasme dans le magazine nationaliste *IM-1776*, porte-voix de la nouvelle droite incarnée par J. D. Vance, qui faisait paraître en décembre 2024 un article d'un auteur anonyme, Plethonist, soutenant que la colonisation du Groenland représenterait « l'ouverture d'un nouveau territoire pour les hommes occidentaux, une frontière qui forgerait, avec le temps, un nouveau peuple, conditionné par le climat froid et la rudesse du terrain ».

L'esprit de la frontière « est le mythe américain le plus fondamental, car il explique les origines de la nation, depuis ses débuts en tant que colonie de peuplement jusqu'à sa fantastique expansion pour devenir une puissance mondiale », pose l'historien Richard Slotkin, auteur notamment de *A great disorder : National myth and the battle for America*[1].

La thèse de la frontière a été élaborée en 1893 par un historien, Frederick Jackson Turner

---

1. Richard Slotkin, *A great disorder: National myth and the battle for America*, Cambridge, Harvard University Press, 2024, non traduit.

(1861-1932), dans un texte capital, *La frontière dans l'histoire américaine*, qui va non seulement changer le cours de l'historiographie du pays, mais aussi modifier pour toujours l'image que les États-Unis ont d'eux-mêmes. À l'époque, s'il synthétise des idées qui sont dans l'air du temps, le texte fait néanmoins polémique en s'opposant à deux écoles d'historiens : l'une se concentre sur l'importance des divisions de la nation autour de l'esclavage ; l'autre, l'« anglo-saxonisme », voit l'homme et les institutions américaines comme le fruit de germes venus d'Angleterre et plus anciennement des forêts teutonnes, implantés dans le Nouveau Monde.

« Conquête d'une région sauvage »

Or, selon Turner, c'est le peuplement et la colonisation de la frontière américaine, la « conquête d'une région sauvage », qui ont joué un rôle décisif dans la formation de la culture de la démocratie américaine, et qui l'ont distinguée des nations européennes. Le point de vue duquel l'histoire des États-Unis doit être regardée n'est pas la côte Atlantique des pèlerins, mais le Grand Ouest : là où l'Européen, « dans son habillement, ses industries, ses outils, ses modes de déplacement et sa pensée », rencontre la rudesse des contrées sauvages, les canoës en bouleau, les « cris de guerre » des Amérindiens ; là où il apprend à cultiver le maïs avec des outils rudimentaires et à scalper lui aussi ses ennemis. À la frontière, « la nature sauvage dompte le colon ». De cette rencontre entre l'être civilisé et ces conditions primitives naît « un nouveau produit, qui est américain ». Un homme dur et fort, *self made* et autonome, mais aussi un esprit qui infuse dans les institutions de la jeune nation.

Turner présente l'Ouest et l'Europe comme des forces opposées; le premier aspirant à la liberté, la deuxième cherchant à la contrôler. « La démocratie américaine n'est pas née du rêve d'un théoricien; elle n'a pas été transportée par le Susan-Constant jusqu'en Virginie, ni par le Mayflower jusqu'à Plymouth, écrit-il, en référence aux bateaux par lesquels sont arrivés d'Angleterre les colons au début du XVIIe siècle. Elle est née de la forêt et a gagné en force chaque fois qu'elle a touché une nouvelle frontière. » L'expansion, en offrant des perspectives de grandes richesses provenant des ressources naturelles, garantit la mobilité sociale. Turner écrit au moment où la fin de la conquête de l'Ouest fait craindre une crise identitaire et politique. Que faire lorsque la jeune nation rencontre la finitude du territoire, des ressources? Répartir les richesses? Admettre les inégalités? Continuer l'expansion au-delà des frontières?

L'hypothèse de Turner dépasse de loin l'analyse historique et penche vers le mythe dès son énonciation : l'Ouest est « une fontaine de Jouvence magique dans laquelle l'Amérique baigne et qui la rajeunit », dit-il dans un discours en 1896. Mais sa théorie dominera longtemps l'historiographie et l'enseignement.

S'il subsiste évidemment dans la culture populaire, « le mythe de la frontière a été supplanté par une autre image puissante issue de la Seconde Guerre mondiale : celle de l'Amérique comme leader du monde libre », explique Richard Slotkin. Or, l'un des principes fondamentaux de ce système international d'après-guerre est le concept de souveraineté – l'idée que les frontières d'une nation doivent rester intactes.

Métaphore de la croissance

Dans les années 1980, la notion est renvoyée à sa dimension mythique par une nouvelle école de spécialistes qui s'attachent à prendre en compte les récits minoritaires. Cette « nouvelle histoire de l'Ouest » examine les problèmes liés à l'expansion, la destruction de l'environnement, les massacres des peuples autochtones et la réalité historique de la vie des colons. Mais la frontière continue d'apparaître dans la rhétorique politique comme une métaphore pour la croissance, le développement.

Lors de son discours d'investiture à la candidature démocrate en 1960, John Fitzgerald Kennedy (1917-1963) utilise l'image de la

« Nouvelle Frontière » à conquérir, au-delà de laquelle « s'étendent les domaines inexplorés de la science et de l'espace, des problèmes non résolus de paix et de guerre, des poches d'ignorance et de préjugés non encore réduites, et les questions laissées sans réponse de la pauvreté et des surplus ». En 1993, le président Bill Clinton déclare que « l'économie mondiale est notre nouvelle frontière ».

Trump, pour sa part, l'utilise « dans sa forme la plus primitive », juge Richard Slotkin : celle d'une Amérique dont la prospérité repose sur une expansion sans limite et la course aux énergies fossiles. Prospérité économique, mais aussi politique : « Trump fait également référence aux fondateurs, dont beaucoup pensaient que les États-Unis devaient s'étendre pour prospérer, écrivait l'historien Greg Grandin dans le *New York Times* le 21 janvier. Il sait, semble-t-il, que le nationalisme colérique et replié sur lui-même qui lui a permis d'accéder au pouvoir peut être autodestructeur. » « Augmentez l'"étendue du territoire", écrivait déjà en 1787 James Madison, alors futur président des États-Unis, et vous diluerez l'extrémisme politique et éviterez la lutte des classes. » « Plus notre association sera vaste, disait le président Thomas Jefferson, en 1805, au sujet de l'achat de la Louisiane à la France, moins elle sera secouée par des passions locales. »

Ce retour à une version primitive de la figure du *frontiersman* permet d'enrober les incartades du milliardaire et ses diverses violations des normes morales dans le mythe du héros « hors la loi ». « Trump est arrivé en politique avec un passé controversé, mais l'insertion de son image présidentielle dans la logique du mythe a transformé cette ambiguïté morale en une preuve d'authenticité propre à une version intégrale du héros de la frontière », écrit la sociologue américaine Olena Leipnik dans *Donald Trump in the frontier mythology*[1].

Parce que la frontière est un espace sans règles, le *frontiersman* porte des valeurs d'individualisme et d'autosuffisance. Une image construite au mépris de la réalité historique, la conquête de l'Ouest ayant été largement facilitée par des infrastructures financées par le gouvernement – les chemins de fer notamment – et protégée par l'armée. Mais le récit a de quoi faire écho au libertarianisme de la Silicon Valley. Ces dernières années, Peter Thiel, le fondateur de PayPal, et d'autres entrepreneurs ont participé à divers *exit projects* conçus pour permettre d'échapper aux « contraintes » des démocraties libérales. Les projets vont de la vie hors réseau dans les montagnes de l'Ouest au *seasteading*, ces communautés autonomes sur

1. Olena Leipnik, *Donald Trump in the frontier mythology*, Londres, Routledge, 2023, non traduit.

des plateformes flottantes dans les eaux internationales. Le Seasteading Institute, financé par Thiel, promet ainsi d'« ouvrir les frontières de l'humanité ».

Le Groenland doit servir de terrain d'exercice avant la prochaine frontière : l'espace. Lors de son discours inaugural, Trump promettait : « Nous allons poursuivre notre destinée manifeste jusqu'aux étoiles. » Slogan de l'expansion à l'Ouest, au XIXe siècle, la « destinée manifeste » est l'idée selon laquelle les Américains blancs ont reçu l'ordre divin de coloniser le continent nord-américain. Une idéologie qui a inspiré toute une série de mesures visant à éliminer la population autochtone.

En attendant la conquête spatiale, au Groenland, au Canada, comme à Gaza, « l'idée de Trump est la même, observe Richard Slotkin : "Nous allons nous emparer de ce territoire primitif et en faire un glorieux paradis. Tout ce que vous avez à faire, c'est de faire sortir les Indiens de là." »

9
Donald Trump s'inscrit dans une tradition nationaliste qui remonte à Nixon

Michael Lind

Malgré ses incohérences, le président américain est très constant dans ses critiques contre le libre-échange et le parapluie militaire américain : cela fait quarante ans qu'il qualifie les alliés des États-Unis de parasites, décrypte l'essayiste texan.

Lors de ce second mandat, comme lors du premier, Donald Trump rompt avec le consensus bipartisan en matière de politique étrangère, fondé sur le libre-échange et sur des engagements militaires de plus en plus importants. Ses critiques à l'égard de ce consensus n'ont cependant rien d'original. Elles s'inscrivent dans une tradition nationaliste de la politique étrangère américaine qui remonte au président Richard Nixon (président de 1969 à 1974) et à Ross Perot, candidat indépendant aux présidentielles de 1992 et 1996.

Rien de ce que Trump a fait lors de ses deux mandats ne rivalise jusque-là avec le radicalisme du *Nixon shock*, ou « choc Nixon », de 1971. À l'époque, le président américain a unilatéralement aboli le système monétaire international de Bretton Woods, qui, après la Seconde Guerre mondiale, rattachait les monnaies mondiales au dollar et à l'or, et imposé une surtaxe de 10 % à toutes les importations soumises aux droits de douane. Comme le rappelle l'historien Jeffrey Garten, le secrétaire au Trésor de Nixon, John Connally, « n'hésitait pas à faire ce qu'il pensait bon pour les États-Unis. Il se fichait juste du reste du monde – et Nixon le savait ».

Des gagnants et des perdants

Ce style de nationalisme économique a été repris dans les années 1990 par Ross Perot, texan comme Connally, homme d'affaires milliardaire comme Ross Perot était hostile à l'accord de libre-échange nord-américain, qui permettait aux constructeurs automobiles américains de transférer leur production vers le Mexique, où les salaires sont bas et les syndicats peu développés. Il accusait par ailleurs les Japonais et d'autres alliés de « faire les poches » des Américains et promettait, s'il devenait président, d'exiger du Japon et de l'Allemagne qu'ils paient aux États-Unis 50 milliards de dollars [soit 114 milliards de dollars d'aujourd'hui ou 105 milliards d'euros] pour compenser les coûts que supportent les Américains pour les défendre.

Lors de la présidentielle de 1992, Ross Perot a obtenu près de 20 % des voix, plus que tout autre candidat d'un petit parti depuis que l'ancien président républicain Theodore Roosevelt s'est présenté sous la bannière du Parti progressiste, en 1912. Néanmoins, après les défaites de Perot aux élections de 1992 et 1996, le nationalisme économique néo-nixonien a été largement considéré comme une doctrine dépassée, prisée seulement de quelques figures marginales très à droite de l'échiquier politique, telles que Pat Buchanan, un ex-conseiller politique de Nixon.

De 1992 à 2016, les présidents Bill Clinton, George W. Bush et Barack Obama ont tous trois adopté une stratégie d'hégémonie mondiale américaine, chacun selon sa propre variante. Dans son livre *The case for Goliath. How the US Acts as the world's government in the 21st century*[1], consacré à l'hégémonie américaine, le politiste Michael Mandelbaum soutient que seuls les États-Unis – et non les Nations unies ou l'Union européenne – peuvent, par leur rôle dominant, fournir des biens publics mondiaux.

1. Michael Mandelbaum, *The case for Goliath. How the US Acts as the world's government in the 21st century*, New York, Public Affairs, 2006, non traduit.

Selon la théorie de l'hégémonie, les trois principaux biens publics que les États-Unis fournissent au monde sont les suivants : l'accès au marché américain ; un parapluie militaire couvrant toutes les régions, visant à dissuader les agressions et à montrer aux autres grandes puissances mondiales qu'elles n'ont pas besoin de s'armer pour se protéger ; le dollar comme monnaie de réserve mondiale.

La politique étrangère produit nécessairement des gagnants et des perdants à l'intérieur du pays qui la mène. Aux États-Unis, la coalition favorable à l'hégémonie américaine comprend les entreprises multinationales, qui, grâce à la libéralisation des échanges, peuvent délocaliser leur production dans des pays à bas salaires comme la Chine ou le Mexique. Le camp des gagnants compte aussi l'industrie américaine de la défense, qui profite du fait que les États-Unis sont les gendarmes du monde et vendent des armes à leurs alliés – l'Europe achète grosso modo la moitié de ses équipements militaires à des fabricants américains.

Enfin, l'hégémonie bénéficie au secteur de la finance. Malgré les déficits commerciaux chroniques avec l'Union européenne, le Japon, la Corée du Sud et Taïwan, les États-Unis enregistrent de modestes excédents dans les services financiers et les services aux entreprises. La force du dollar – conséquence de son rôle de monnaie de réserve mondiale – nuit aux exportations de produits manufacturés, mais aide les entreprises et les capitalistes américains à investir à l'étranger.

Les perdants de la stratégie d'hégémonie, ce sont les industriels et les syndicats du secteur privé de l'industrie et du bâtiment. Nixon et Perot, en défendant un nationalisme radical en matière d'économie et de sécurité nationale, avaient gagné les suffrages des entreprises manufacturières et des classes ouvrières opposées au mondialisme néolibéral – ce fut aussi le cas pour Trump.

Depuis quarante ans, avec constance, Donald Trump traite les alliés des États-Unis de parasites, qui exploitent l'ouverture du marché américain en faveur de leurs propres industries et qui profitent des garanties militaires américaines. Le 2 septembre 1987, Trump, à l'époque magnat de l'immobilier new-yorkais (il aurait alors déjà envisagé de se présenter à la présidentielle), a payé pas moins de 95 000 dollars [266 000 dollars d'aujourd'hui] pour publier un texte en pleine page dans le *New York Times*, le *Washington Post* et le *Boston Globe*. « Cela fait des décennies, y écrit-il, que le Japon et d'autres pays profitent des États-Unis. »

Une dispersion du pouvoir

Notant que le pétrole du golfe Persique, qui « ne revêt qu'un intérêt marginal pour les États-Unis », est essentiel pour « le Japon et d'autres pays », il tempête : « Le monde se moque des dirigeants politiques américains, qui protègent des bateaux qui ne sont pas à nous, transportant du pétrole dont nous n'avons pas besoin, destiné à des alliés qui ne lèveront pas le petit doigt pour nous aider. » Et de conclure : « Il est urgent de mettre fin à nos immenses déficits en faisant payer le Japon et les autres pays qui en ont les moyens. [...] Ne permettons pas que le monde se moque de notre grand pays. »

En 2000, alors qu'il tente, en vain, de s'emparer du Parti de la réforme de Ross Perot dans le but de se présenter lui-même à la présidentielle, Donald Trump publie un manifeste de campagne intitulé *The America we deserve* (« l'Amérique que nous méritons »). Dans le chapitre consacré à la politique étrangère, il écrit : « La politique étrangère américaine doit être confiée à un homme d'affaires. Deux grands négociateurs ont déjà été présidents : Franklin Roosevelt, qui nous a aidés à sortir de la Seconde Guerre mondiale, et Richard Nixon, qui a entamé un dialogue avec la Chine communiste et forcé les Russes à négocier les premières mesures significatives dans le sens d'une réduction des armes nucléaires. »

Trump poursuit : « Nos échanges commerciaux avec la Chine sont fortement déséquilibrés. La Chine vend aux États-Unis environ quatre fois plus que ce que nous sommes autorisés à vendre sur les marchés chinois.

Nous devons faire preuve de méfiance dans nos accords avec la Chine, notamment dans le domaine des technologies de satellites et de missiles, car ils peuvent gravement compromettre les intérêts sécuritaires américains. » Puis il déplore : « Mais rien de ce que fait la Chine ne semble pouvoir ébranler la foi des experts de la politique étrangère. Ils croient que si nous continuons de donner à la Chine tout ce qu'elle veut ou presque, les dirigeants chinois finiront par entendre raison. »

Le 27 février, Trump déclare à des journalistes : « L'Union européenne a été créée dans le but de baiser les États-Unis. C'est son but, et elle a fait du bon boulot. » Trump se fait ici l'écho de John Connally qui, à l'époque du choc Nixon, lançait à un groupe d'économistes américains : « Les étrangers sont là pour nous baiser. C'est notre boulot de les baiser les premiers. »

Dans une récente interview, le secrétaire d'État Marco Rubio a formulé la même idée moins vertement : « Depuis toujours, le monde fonctionne ainsi : les Chinois font ce qui est dans l'intérêt de la Chine, les Russes font ce qui est dans l'intérêt de la Russie, les Chiliens font ce qui est dans l'intérêt du Chili, et les Américains doivent faire ce qui est dans l'intérêt des États-Unis. »

Le secrétaire au Trésor de Trump, Scott Bessent, explique pourquoi son administration rejette la stratégie d'hégémonie américaine: « Les États-Unis compensent le déficit de dépenses militaires du reste du monde. [...] Ils fournissent également des actifs de réserve, ils jouent le rôle de consommateurs de premier et de dernier recours, ils absorbent les excédents d'offre en cas d'insuffisance de la demande dans d'autres pays. Ce système n'est pas viable. »

Les politiques et les déclarations de Trump sont souvent incohérentes, voire chaotiques. Mais cela fait longtemps qu'il critique deux éléments de l'hégémonie américaine: d'une part, l'accès, unilatéral, des partenaires commerciaux des États-Unis au marché américain de la consommation; de l'autre, les garanties militaires qu'offrent les États-Unis à des alliés qui investissent peu dans leur défense.

Au demeurant, même si un faible niveau du dollar serait bénéfique à l'industrie américaine, Donald Trump s'est engagé à défendre le rôle du « puissant dollar américain » comme réserve de change, menaçant d'imposer des droits de douane de 100 % à des pays qui chercheraient à remplacer le dollar dans leurs échanges internationaux. Pour sa part, Stephen Miran, président du Conseil des conseillers économiques de Trump, appelle à augmenter les droits de douane tout en renonçant à un dollar fort.

L'actuelle politique économique nationaliste menée par Trump est-elle appelée à durer? Après le départ de Trump de la

Maison Blanche, en 2029, il n'est pas exclu qu'un gouvernement démocrate ou même qu'un président républicain tente de redonner aux États-Unis une position hégémonique et de promouvoir un marché mondial ouvert, régenté par la superpuissance américaine – au lieu de considérer les États-Unis comme une grande puissance égoïste parmi d'autres, lancée dans une compétition à somme nulle autour des marchés, des ressources et de la sécurité.

Reste qu'avec la montée en puissance de la Chine et la dispersion des richesses et du pouvoir hors des États-Unis et de l'Europe, le prix à payer pour jouer ce rôle hégémonique ne cesse d'augmenter. Autant dire que le nationalisme économique de Nixon, de Perot et de Trump, même s'il fait grincer des dents les alliés militaires et les partenaires commerciaux des États-Unis, a encore de belles années, et même de belles décennies, devant lui.

Traduit de l'anglais
par Valentine Morizot

Michael Lind est professeur associé à l'université du Texas. Il est cofondateur du groupe de réflexion de centre gauche New America et collabore aussi au site Commonplace, qui porte les idées de la « nouvelle droite » américaine. Difficile à classer politiquement, il a longtemps plaidé pour un nationalisme démocratique américain.

10
2025.
Le lâchage américain de l'Ukraine

Sylvie Kauffmann

Après la dérobade de Barack Obama en Crimée, en 2014, puis les hésitations de Joe Biden, Donald Trump, de retour à la Maison Blanche, s'aligne sur la Russie à l'ONU, et laisse ses alliés seuls face à Vladimir Poutine avant de se raviser en partie quelques mois après son retour à la Maison Blanche.

Dans l'histoire de la relation entre l'Europe et les États-Unis, deux 24 février sont à marquer d'une pierre blanche : le 24 février 2022 et le 24 février 2025. Le premier signe le retour de la guerre en Europe, qui unit les deux grands partenaires de la communauté occidentale face à la Russie. Le second consacre leur divorce. Malmenée depuis deux décennies, leur union se fracasse sur l'Ukraine.

En 2022, pendant des mois, l'équipe du président Joe Biden essaie de convaincre ses alliés européens que Vladimir Poutine, à la tête de la Russie, prépare ses troupes à envahir l'Ukraine. En vain. Les Européens ne veulent pas y croire. Même les Ukrainiens sont sceptiques : cela fait huit ans que la Russie mène une guerre de basse intensité dans l'est de leur pays, après s'être emparée de la Crimée, en 2014. Les manœuvres d'intimidation du Kremlin, ils connaissent.

Le 19 février, à la Conférence de Munich sur la sécurité, la vice-présidente américaine, Kamala Harris, tente une dernière fois, en privé, d'alerter Volodymyr Zelensky. Washington a évacué son ambassade à Kiev. En réalité, à ce stade, le président ukrainien est conscient de ce qui se prépare, mais aussi du rapport de force avec Moscou. Excédé, il finit par lancer à Kamala Harris : « OK, on va être envahis, et alors vous, vous faites quoi ? Vous prenez des sanctions ? nous donnez des avions ? bloquez l'accès des ports aux navires russes ? » Les sanctions viendront plus tard, lui répond Harris, d'après le journaliste Bob Woodward dans *War*[1] : «La punition vient après le crime. »

Oleksii Reznikov, le ministre de la Défense ukrainien de l'époque, s'étrangle. Pour lui, le crime a déjà été commis, huit ans plus tôt. Reznikov et ses amis n'oublieront jamais ces terribles journées de mars 2014 lorsque, pour se

1. Bob Woodward, *War*, New York,, Simon & Schuster, 2024, non traduit.

venger du soulèvement populaire de Maïdan, en Ukraine, qui a renversé le régime prorusse, Vladimir Poutine a fait main basse sur la Crimée. À Kiev, le gouvernement provisoire issu de la révolution de Maïdan, réuni d'urgence, s'est vite rendu à l'évidence. Son armée est sous-équipée, les caisses de l'État sont vides, et, surtout, le président Barack Obama lui a fait passer un message sans appel : inutile de résister en Crimée, nous ne vous viendrons pas en aide, pas même par des livraisons d'armes. Cette information nous a été livrée par un des diplomates chargés de transmettre le message, puis nous a été confirmée de source ukrainienne. Les militaires ukrainiens stationnés en Crimée se sont donc rendus sans opposer de résistance. Et les Occidentaux n'ont pas opposé beaucoup plus de résistance à ce qui était pourtant l'annexion par la force d'un territoire d'un État souverain par la Russie, membre permanent du Conseil de sécurité de l'Organisation des Nations unies.

Neuf ans plus tard, en 2023, alors que la guerre russe en Ukraine fait rage, Barack Obama, interrogé par la journaliste de CNN Christiane Amanpour, se félicite de la résistance des Ukrainiens, « vitale » pour les Européens et la démocratie « ramollie ». Pourtant, vous et « votre amie » la chancelière Angela Merkel n'aviez guère réagi en 2014 ?, lui lance la journaliste. L'ex-président tente une explication. « L'Ukraine d'alors n'est pas l'Ukraine d'aujourd'hui. La raison pour laquelle il n'y a pas eu d'invasion armée de la Crimée, c'est qu'elle était peuplée de russophones. Nous avons répondu à Poutine avec les instruments que nous avions. Compte tenu de l'état d'esprit européen et de ce qu'était l'Ukraine à l'époque, on a tenu tête. »

Inutile de résister

Délibérément ou non, Obama se trompe : les « petits hommes verts » qui ont envahi la Crimée étaient russes, et lourdement armés. Il se trompe moins sur l'« état d'esprit européen à l'époque ». Pas plus qu'Obama, les Européens n'ont envie d'engager l'épreuve de force avec Poutine. Les sanctions mises en place sont indolores. Washington refuse de vendre des armes létales aux Ukrainiens, notamment les missiles Javelin, qui leur permettraient de neutraliser les chars russes. Paradoxalement, c'est sous Donald Trump, qui lui succède en 2017, que les Javelin seront enfin livrés. Trop tard et pas suffisamment pour dissuader Poutine de franchir le pas de l'invasion à grande échelle, le 24 février 2022.

Homme de la guerre froide, Joe Biden saisit la dimension stratégique de cette nouvelle agression et lance avec les Européens une opération massive d'assistance militaire à l'Ukraine. D'après Bob Woodward, Biden n'a pas de mots assez durs pour la gestion de l'Ukraine par l'équipe Obama, même s'il était alors vice-président : « Ils ont merdé en 2014, confie-t-il à un ami. C'est pour ça qu'on en est là aujourd'hui. Barack n'a jamais pris Poutine au sérieux. On n'aurait jamais dû laisser Poutine prendre le Donbass. » Mais Joe Biden a lui aussi ses limites. Elles tiennent en un mot : l'escalade. Poutine agite la menace nucléaire, et Biden demande aux stratèges américains d'éviter tout ce qui peut provoquer une escalade du conflit, nous raconte un responsable, témoin de ces discussions. « Du coup, ils ont pris l'instruction à la lettre et ne lui ont pas présenté les scénarios où l'on aurait pu agir différemment. »

Les hésitations systématiques du président à accroître les livraisons d'armes à l'Ukraine, alors que la Russie met tout son poids dans la bataille, exaspèrent les Ukrainiens et désespèrent les Européens les plus engagés. Car la crise ukrainienne révèle crûment à l'Europe l'étendue de son impuissance : des décennies de sous-investissement dans la défense l'ont rendue incapable de prendre le relais des États-Unis. Elle pèse peu militairement et guère plus diplomatiquement : à Washington, en 2024, un haut responsable américain, auquel nous demandons qui sera autour de la table si les États-Unis parviennent à monter une négociation de paix sur l'Ukraine, répond sans le moindre embarras : « Les Russes, les Ukrainiens et nous. » C'est tout.

Donald Trump, de retour à la Maison Blanche le 20 janvier, jette à la figure de l'Europe son impuissance. Il promet de résoudre le conflit ukrainien en vingt-quatre heures, et la manière dont il s'y prend sidère les Européens : il s'aligne sur la Russie, qu'il refuse de qualifier d'agresseur, accuse l'Ukraine d'avoir commencé la guerre et traite Zelensky de dictateur. Renouant avec le leadership franco-britannique malgré le Brexit, Paris et Londres vont tenter d'imposer l'Europe dans le jeu diplomatique et de ramener le président américain à la raison. Le 24 février, jour du troisième anniversaire de l'invasion de l'Ukraine, plusieurs dirigeants européens sont à Kiev pour manifester leur solidarité. Emmanuel Macron, lui, arrive à la Maison Blanche avec un plan en poche : amadouer Donald Trump. Trois jours plus tard, le 27, ce sera au tour du Premier ministre britannique, Keir Starmer. Mais en coulisses, ce 24 février, se livre un redoutable affrontement à l'ONU.

L'Ukraine a préparé un projet de résolution condamnant l'agression de Moscou et demandant le retrait des forces russes. Les Européens, qui ont vu le soutien à l'Ukraine s'effriter sous l'effet de l'offensive israélienne à Gaza, ont obtenu de leurs collègues ukrainiens qu'ils atténuent le texte afin de lui assurer une bonne majorité à l'Assemblée générale. Mais le 21 février, « premier coup de tonnerre », se souvient Jean-Noël Barrot, le ministre français des Affaires étrangères : la chargée d'affaires américaine, Dorothy Shea, informe l'ambassadeur français à l'ONU, Nicolas de Rivière, puis son homologue britannique, Barbara Woodward, que les États-Unis demandent à l'Ukraine de retirer son projet de résolution, et qu'ils vont proposer leur propre texte. Elle compte sur le soutien des Européens.

Le Français lui répond que les Ukrainiens refuseront, et lui demande ce que prône le projet américain. « La paix plutôt que la guerre », répond Dorothy Shea. « C'est une initiative russo-américaine ? », ironise Nicolas de Rivière. L'Américaine apprécie peu la boutade, mais Britanniques et Français auront plus tard la confirmation que le projet de résolution américain a bien fait l'objet de discussions préalables avec les Russes, dans leur dos.

Une réunion de crise rassemble les représentants des pays de l'Union européenne pendant le week-end. Il y règne un « sentiment de trahison », rapporte l'un d'eux. Contrairement à 2003 sur l'Irak, cette fois, ils sont unis. Ils tombent d'accord : l'Ukraine doit maintenir son texte. Ils confient la direction des opérations aux Français et aux Britanniques, membres permanents du Conseil de sécurité avec les États-Unis, la Russie et la Chine. Paris et Londres se répartissent les rôles : les Britanniques affronteront les Américains au Conseil de sécurité, les Français géreront le duel des résolutions à l'Assemblée générale.

Habilement, les Français déposent à l'Assemblée générale des amendements qui dénaturent la résolution américaine, introduisant notamment l'exigence de respect de l'intégrité territoriale. La délégation américaine refuse de les intégrer, mais, lorsque l'on passe au vote, le 24 février, « les États-Unis mordent la poussière », selon l'expression réjouie d'un diplomate européen. La résolution ukrainienne, maintenue, est adoptée malgré l'opposition des États-Unis et de la Russie ; la résolution américaine est elle aussi adoptée, mais si dénaturée que les États-Unis en sont réduits à s'abstenir – sur leur propre texte.

L'opération est plus compliquée au Conseil de sécurité. Les Américains ont monté un intense lobbying auprès des membres non permanents. Ils imposent que leur texte, demandant une « fin rapide » à la guerre en Ukraine sans désigner l'agresseur, soit mis au vote le même jour. La résolution est adoptée par dix voix et cinq abstentions. Les États-Unis ont voté avec la Russie et la Chine. Les cinq membres européens se sont abstenus. La fracture transatlantique éclate au grand jour.

Embuscade dans le bureau Ovale

Pourquoi France et Royaume-Uni n'ont-ils pas usé de leur veto ? Il y a l'explication officielle – « le veto, c'est pour s'opposer à la guerre, pas à la paix » – et les raisons politiques. Le fait que Macron se trouve dans le bureau Ovale le même jour et que Starmer y soit attendu n'y est pas étranger. Conscients de la fracture, les Européens ne sont pas encore prêts à la rupture. Surtout, à la Maison Blanche, éviter le clash, ne pas laisser apparaître le fossé grandissant. « Très préparé, le président a réussi à contenir les élans de Trump », se félicite Barrot, qui, ce jour-là, suit en même temps les entretiens à la Maison Blanche, où il accompagne Macron, et la bataille à l'ONU, sur son téléphone.

Le clash, c'est Zelensky qui y aura droit quatre jours plus tard, le 28 février, en tombant dans une embuscade tendue par Trump et son vice-président, J. D. Vance. La violence de la séance du bureau Ovale stupéfie les Européens, qui tentent, de nouveau, de recoller les morceaux d'une alliance dont le principal partenaire n'a que faire. Après Macron et Starmer, le chancelier allemand, Friedrich Merz, passe avec succès, c'est-à-dire sans clash, le test du bureau Ovale, le 5 juin. Mais cette Europe dont il vient n'intéresse pas Trump, hormis pour les droits de douane qu'elle peut lui verser. En réalité, d'Obama à Trump en passant par Biden, aucun président américain ne considère l'Ukraine comme un intérêt vital pour les États-Unis, alors que, pour les Européens, l'agression russe en a fait une question existentielle. Après tant de disputes sur l'Irak, la Libye, la Syrie, l'Afghanistan, les Européens commencent seulement à comprendre que l'Amérique ne partage plus leur vision du monde. Lundi 16 juin, Donald Trump quitte abruptement le sommet du G7 au Canada avant l'arrivée de Zelensky, plantant là les Européens. L'Amérique a largué les amarres.

11
Le vice-président J. D. Vance, idéologue sans concession

Piotr Smolar

L'ancien sénateur de l'Ohio, qui a fait basculer en affrontement électrique la rencontre entre le président Donald Trump et son homologue ukrainien, Volodymyr Zelensky, radicalise la politique étrangère américaine.

Washington, correspondant

Au lendemain de son investiture, le président Donald Trump a fait les honneurs du bureau Ovale à son vice-président, J. D. Vance, qui n'y avait jamais pénétré. Une brève vidéo de la scène a été diffusée le 21 janvier par le speaker de la Chambre des représentants, Mike Johnson. « Wahou ! », lança le visiteur sur le seuil. « Assez dingue. » Rire nerveux. « C'est incroyable », ajouta-t-il, en contemplant le décor d'un air ébahi. Depuis cet instant, J. D. Vance ne s'est pas beaucoup abandonné à la contemplation. L'accueil explosif en ce même lieu du président ukrainien, Volodymyr Zelensky, le 28 février, a illustré aux yeux du monde entier le rôle à la fois original et prédominant joué par le vice-président dans cette administration.

C'est lui qui a fait basculer cette séquence télévisée dans un affrontement électrique. Lui qui a accusé le dirigeant ukrainien d'ingratitude, alors que Volodymyr Zelensky avait déjà remercié à plusieurs reprises les États-Unis pour leur engagement aux côtés de son pays depuis le début de la guerre, il y a trois ans. Lui qui a dénoncé les « visites de propagande » prétendument organisées à Kiev pour les dignitaires étrangers, alors qu'il ne s'est jamais rendu lui-même en Ukraine depuis l'invasion de la Russie. Lui enfin qui a reproché à Volodymyr Zelensky de marchander « devant les médias américains », comme si ce dernier avait été l'initiateur de cette énième conférence de presse improvisée à la Maison Blanche.

« Chien d'attaque »

Cet épisode, selon le *Wall Street Journal*, a « cimenté le statut de Vance dans l'administration Trump comme un chien d'attaque et un défenseur féroce du président américain ». Dans la dynamique particulière existant entre Donald Trump et son vice-président, de trente-huit ans son cadet, il a pourtant semblé que c'était ce dernier, par son ardeur et sa violence décomplexée, qui l'a entraîné vers la rupture à ciel ouvert avec Zelensky. De la même façon qu'Elon Musk, en disant exécuter les demandes du président, impose son propre agenda et sème le chaos et la peur au sein de l'État fédéral au nom d'une lutte supposée contre la fraude et la déloyauté, J.D. Vance s'inscrit dans le trumpisme pour radicaliser davantage son contenu, notamment en politique étrangère.

« Je me fiche de ce qui arrivera à l'Ukraine dans un sens ou dans l'autre », disait J. D. Vance début 2022, alors simple candidat au Sénat. C'était quelques jours avant l'invasion russe. Il n'a pas changé d'avis. Donald Trump tenait beaucoup à la signature, le 28 février, de l'accord sur les minerais ukrainiens – essentiels à un large éventail d'industries, de la défense à l'aérospatial – pour pouvoir afficher ce succès lors de son discours solennel devant le Congrès, prévu mardi 4 mars. Dans une éruption dont certains soupçonnent sans preuve la préméditation, J.D. Vance a abâtardi les enjeux dramatiques du moment, en imposant l'idée que le président d'un pays en guerre, agressé par la Russie, devait s'excuser.

Mécanicien politique en coulisse, idéologue sur les estrades : l'ancien sénateur de l'Ohio se révèle un complément redoutable et zélé de Donald Trump. J. D. Vance n'a eu besoin d'aucun temps d'adaptation à ses nouvelles fonctions. Le contraste entre son aisance et les tâtonnements de sa prédécesseure, Kamala Harris, aux côtés de Joe Biden, alors président des États-Unis, est frappant. Kamala Harris ne savait comment se positionner, de quels sujets s'emparer, quel ton adopter. J. D. Vance, lui, a compris qu'il lui fallait à la fois afficher une loyauté absolue à Donald Trump, en n'oubliant pas de lui rendre hommage plusieurs fois par jour, et tracer son propre chemin.

Dès le premier jour de la présidence, la question de la succession de Donald Trump s'est posée en creux, du fait de l'âge du milliardaire (78 ans) et de l'interdiction constitutionnelle de briguer un troisième mandat. Steve Bannon, ex-conseiller spécial de Donald Trump et l'un des idéologues du peuple MAGA (Make America great again), fait déjà campagne en faveur d'un contournement du 22e amendement, qui prévoit cette limitation du nombre de mandats.

Le président multiplie les plaisanteries et les allusions au sujet d'une éventuelle candidature en 2028. Le 9 février, il était interrogé sur Fox News. Voit-il en J. D. Vance son successeur, le candidat républicain naturel pour 2028 ? « Non, tranche sur-le-champ le président. Mais il est très compétent. Je veux dire… Je pense qu'on a beaucoup de personnes très compétentes, pour l'instant, je pense qu'il fait un boulot fantastique. C'est trop tôt. On vient de commencer. »

Il est logique qu'un président débutant son mandat n'ait aucun goût pour les spéculations sur sa succession. Mais on peut aussi noter là une absence d'adoubement et l'idée narcissique que, au-delà de sa personne, Donald Trump se montre incapable de penser l'avenir. À ce stade, J. D. Vance n'a pas de raison d'être inquiet de ce propos, qui ne perturbe pas sa stratégie. Celle-ci lui dicte aussi de ne pas se confronter à un autre puissant, nouveau venu à la cour, le milliardaire Elon Musk, placé à la tête du département de l'efficacité gouvernementale. Le temps et les institutions jouent, en effet, en sa faveur. Depuis Dick Cheney, le vice-président de George W. Bush (2001-2009), personne à cette fonction n'a exercé un rôle aussi visible, aussi politique. S'il partage avec son lointain prédécesseur une même foi dans la puissance américaine, J. D. Vance s'inscrit en opposition totale avec le *freedom agenda* néoconservateur qui a failli en Afghanistan et en Irak, soit la promotion agressive de la démocratie dans le monde pour faire chuter les tyrannies. L'ancien sénateur de l'Ohio a non seulement épousé le slogan « *America first* » (« L'Amérique d'abord ») de Donald Trump, mais il a travaillé bien avant d'autres, et plus que d'autres, sur l'argumentaire destiné à justifier la fin du soutien militaire à l'Ukraine.

« Idiots androgynes »

En politique étrangère, J.D. Vance croit en l'idée que chaque puissance doit régner en maîtresse chez elle, tandis que le concept d'ordre international serait un vœu pieux servant les intérêts des élites mondialisées. Mais le vice-président américain a surtout marqué le début de cette mandature de son empreinte idéologique à l'occasion de son discours à Munich, lors de la Conférence sur la sécurité. En ces lieux où 90 % des échanges portaient sur l'Ukraine et la Russie, J. D. Vance n'a pas évoqué la guerre en cours et n'a parlé que de relations transatlantiques sous conditions, au mépris de l'histoire. Il a dépeint de façon grossière les pays européens comme des espaces de répression contre la liberté d'expression. Dans son acception, celle-ci ne doit pas inclure de limites, quels que soient ses excès.

Les contrôles, J. D. Vance les accepte encore moins lorsqu'il s'agit, pour Donald Trump, d'étendre son autorité et de politiser la haute administration. « Les juges ne sont pas autorisés à contrôler le pouvoir légitime de l'exécutif », a écrit le vice-président sur le réseau X. Des cohortes de constitutionnalistes plaideraient aisément l'inverse.

J. D. Vance a aussi beaucoup cultivé ses relations au Congrès. Il a livré un travail de l'ombre pour faciliter le passage rapide des membres du cabinet, tous confirmés au Sénat, malgré le profil extrémiste ou très vulnérable de certains, tels Pete Hegseth à la tête au Pentagone, Tulis Gabbard comme directrice nationale du renseignement ou Kash Patel à la tête de la police fédérale. Le vice-président a aussi été chargé de trouver une solution au dilemme TikTok, le réseau social chinois, que les élus républicains ont longtemps voulu interdire aux États-Unis. Mais Donald Trump ayant largement profité de cette application pendant la campagne, il voudrait une entrée au capital à 50 % d'une entreprise américaine. J. D. Vance a jusqu'à début avril pour identifier une issue possible.

Le vice-président représente une droite pour laquelle le patriotisme et les valeurs familiales importent davantage que le catéchisme démocratique ou les déclarations de la gauche sur l'égalité. Le 25 mars, il s'exprimait devant les participants à la Marche pour la vie, à Washington. Dénonçant une « culture de l'avortement à la demande » permise par les démocrates, le vice-président a déclaré : « Nous marchons pour proclamer et réaliser la vérité sacrée que chaque enfant est un miracle et un don de Dieu. » Le 20 février, à la conférence conservatrice CPAC, il poursuivait dans ce même sillon. La culture américaine dominante, disait-il, « veut transformer tout le monde, qu'on soit homme ou femme, en idiots androgynes qui pensent la même chose, disent la même chose et agissent de la même façon ».

12
« Le soft power culturel des États-Unis survivra-t-il au déclin de leur soft power politique ? »

Joseph Nye

[Le politiste américain Joseph S. Nye Jr, qui a forgé le concept de *soft power*, soit la « capacité d'influencer les autres par l'attraction et la persuasion plutôt que par la coercition et l'achat », est mort le 6 mai. Peu avant son décès, il a livré une analyse de l'avenir de ce concept à l'heure de la présidence de Donald Trump, que nous publions ici.]

La puissance est ce qui vous permet d'obtenir des autres ce que vous souhaitez, par la contrainte (le bâton), la récompense (la carotte) ou la séduction (le miel). Les deux premières méthodes constituent des formes de *hard power*, la troisième correspondant au *soft power*. Cette « puissance douce » émane de la culture d'un pays, de ses valeurs politiques et de sa politique étrangère. À court terme, le *hard power* prime généralement sur le *soft power*.

Sur le long terme, en revanche, c'est bien souvent le *soft power* qui prévaut. Joseph Staline aurait un jour demandé, non sans ironie : « Le pape, combien de divisions ? » Or, la papauté vit encore, tandis que l'URSS n'est plus qu'un lointain souvenir.

Lorsque vous apparaissez séduisant, vous pouvez faire l'économie de la carotte et du bâton. Si vos alliés vous considèrent comme un acteur bienveillant et fiable, ils seront probablement plus faciles à convaincre, et plus enclins à vous suivre. S'ils voient au contraire en vous un acteur brutal et peu fiable, ils seront plus susceptibles de freiner des quatre fers, et de réduire leur dépendance à votre égard dès qu'ils le pourront. L'Europe de la guerre froide constitue une bonne illustration de ce principe. L'historien norvégien Geir Lundestad décrit ainsi à cette période un continent divisé en deux empires, l'un soviétique, l'autre américain, avec toutefois une différence cruciale entre les deux : le camp américain était un « empire par invitation ». Cette dissemblance est devenue évidente lorsque les Soviétiques ont déployé des troupes à Budapest, en 1956, ainsi qu'à Prague, en 1968. Par opposition, l'Organisation du traité de l'Atlantique Nord (OTAN) a depuis non seulement survécu, mais également vu augmenter le nombre de ses membres grâce à des adhésions volontaires.

Avoir une juste compréhension de la puissance implique donc de considérer à la fois les forces d'attraction et de coercition. Selon Nicolas Machiavel, il vaut mieux pour le Prince être redouté qu'être aimé. En réalité, il est préférable d'allier les deux. Le *soft power* étant rarement suffisant en soi, et ses effets nécessitant plus du temps pour se concrétiser, les dirigeants politiques sont souvent tentés de se concentrer sur le *hard power*, à travers la coercition ou la rétribution. Or, lorsqu'il est employé seul, le *hard power* peut s'accompagner de coûts supérieurs à ceux d'une approche impliquant également la puissance douce de l'attraction. Le mur de Berlin n'est pas tombé sous des salves d'artillerie, mais sous des massues et des bulldozers aux mains d'une population qui avait perdu foi dans le communisme, et qui était attirée par les valeurs occidentales.

À l'issue de la Seconde Guerre mondiale, les États-Unis étaient de loin la première puissance mondiale. Le pays s'est efforcé de consacrer ses valeurs dans ce qui est devenu l'« ordre international libéral », un cadre composé des Nations unies, des institutions économiques de Bretton Woods [accords signés en 1944 pour créer une organisation financière internationale] et d'autres organisations multilatérales. Les États-Unis ne se sont, certes, pas toujours montrés à la hauteur de leurs valeurs libérales, et la bipolarité associée à la guerre froide a limité la portée de cet ordre à seulement la moitié de la population mondiale. Il n'en demeure pas moins que le système d'après-guerre aurait été bien différent si les puissances de l'Axe étaient sorties victorieuses de la Seconde Guerre mondiale et avaient imposé leurs valeurs.

Perte de crédibilité

Si les présidents américains ont parfois violé certains aspects de l'ordre libéral, Donald Trump est le premier à rejeter purement et simplement la valeur du *soft power* en politique étrangère. Parmi ses premières mesures après son retour à la Maison Blanche, Trump a pris la décision d'une sortie des États-Unis de l'accord de Paris sur le climat, ainsi que de l'Organisation mondiale de la santé (OMS), en dépit des menaces évidentes que représentent le changement climatique et les pandémies.

Les effets d'un abandon du *soft power* par l'administration américaine sont hélas prévisibles. User de la contrainte avec des alliés démocratiques tels que le Danemark ou le Canada, c'est affaiblir la confiance dans nos alliances. Menacer le Panama, c'est réveiller la crainte de l'impérialisme en Amérique latine. Affaiblir l'Agence américaine pour le développement international (Usaid), créée par le président John F. Kennedy en 1961, c'est nuire à notre réputation de bienfaisance. Réduire au silence le média Voice of America, c'est faire un cadeau à nos adversaires autoritaires. Imposer des droits de douane à nos amis, c'est choisir d'apparaître comme des partenaires peu fiables. Tenter d'étouffer la liberté d'expression dans notre propre pays, c'est mettre à mal notre crédibilité. La liste est encore longue.

Donald Trump considère que le plus grand défi des États-Unis n'est autre que la Chine qui, de son côté, investit dans le *soft power* depuis 2007, le président de l'époque, Hu Jintao, ayant déclaré, devant le Parti communiste chinois (PCC), que le pays devait se rendre plus attractif aux yeux des autres. Dans cette démarche, la Chine se heurte néanmoins à deux obstacles depuis de nombreuses années. Premièrement, elle entretient des disputes territoriales avec plusieurs de ses voisins. Deuxièmement, le PCC insiste pour maintenir un contrôle étroit sur la société civile. Le tribut de ces politiques s'observe dans les sondages d'opinion sur l'avis de personnes du monde entier concernant les pays qu'ils estiment attractifs. On peut toutefois s'interroger sur ce que révéleront ces sondages dans quelques années, si Donald Trump continue de mettre à mal le *soft power* américain.

La « puissance douce » de l'Amérique a, certes, connu des hauts et des bas au fil des années. Durant les guerres du Vietnam (1955-1975) et d'Irak (2003-2011), les États-Unis étaient impopulaires dans de nombreux pays. Le *soft power* ne procède toutefois pas seulement des actions d'un gouvernement, mais également de la société et de la culture du pays concerné. Tandis que la guerre du Vietnam faisait rage, des foules manifestaient dans les rues du monde entier contre la politique américaine, mais elles scandaient dans le même temps l'hymne américain des droits civiques, « *We shall overcome* ». Une société ouverte qui autorise les manifestations peut constituer un atout pour le *soft power*. La question est donc : le *soft power* culturel des États-Unis survivra-t-il au déclin de leur soft power politique au cours des quatre prochaines années ?

La démocratie américaine résistera probablement à quatre ans de mandat Trump. Les États-Unis se caractérisent par une culture politique résiliente, et par une Constitution fédérale attachée aux contre-pouvoirs. Il est raisonnablement possible que les démocrates reprennent le contrôle de la Chambre des représentants à l'issue des élections de 2026. La société civile américaine demeure par ailleurs solide, et les tribunaux indépendants. De nombreuses organisations ont d'ores et déjà lancé des poursuites contre les mesures de Donald Trump, tandis que les marchés manifestent leur mécontentement face à ses politiques économiques.

Rivalité avec la Chine

Le *soft power* des États-Unis a survécu aux guerres du Vietnam et d'Irak, ainsi qu'au premier mandat de Donald Trump. Seulement voilà, une fois la confiance brisée, il n'est pas facile de la rétablir. Après l'invasion de l'Ukraine, la Russie a perdu l'essentiel de ce qu'il lui restait de *soft power*. Mais de son côté, la Chine s'emploie à occuper les vides laissés par le président américain. Au dire du dirigeant chinois, Xi Jinping, l'Orient est en train de prendre le dessus sur l'Occident.

Si Donald Trump pense pouvoir rivaliser avec la Chine tout en fragilisant la confiance des alliés à l'égard des États-Unis, en formulant des aspirations impériales, en anéantissant l'Usaid, en réduisant au silence Voice of America, en remettant en question les lois de son propre pays et en se retirant des agences de l'Organisation des Nations unies, il est fort probable qu'il échoue. Et si reconstruire tout l'édifice détruit par Donald Trump sera toujours possible, le prix en sera exorbitant.

Joseph Nye

Joseph Nye a été doyen de la Harvard Kennedy School et secrétaire adjoint à la défense des États-Unis. Ses Mémoires s'intitulent *A life in the american century*[1].

1. Joseph Nye, *A life in the american century*, Cambridge, Polity Press, 2024, non traduit.

L'heure de la base MAGA

13
Les « MAGA-gnifiques » prennent le pouvoir

Corine Lesnes

Huntington Beach, dans le sud de la Californie, est devenu un laboratoire du trumpisme triomphant. Le conseil municipal républicain publie des ordonnances touchant plus aux polémiques nationales qu'aux questions locales.

Huntington Beach (Californie), envoyée spéciale

Quiconque s'interroge sur la direction que prennent les États-Unis de Donald Trump est le bienvenu à Huntington Beach, bourgade du sud de la Californie dont le conseil municipal est 100 % MAGA. En deux ans, « Surf City » – le surnom de cette cité balnéaire réputée pour ses vagues – est devenue un laboratoire du trumpisme triomphant et de son mouvement, *Make America great again* (« Rendre sa grandeur à l'Amérique »). Les conservateurs ont raflé tous les postes, mais il serait naïf de croire que les guerres culturelles sont enterrées.

« Ce que l'on voit aujourd'hui dans le pays se produisait déjà ici avant que Trump soit élu, affirme Carol Daus, membre du bureau des Amis de la bibliothèque. Cela fait peur. »

Située dans le comté d'Orange, à 65 kilomètres au sud de Los Angeles, Huntington Beach, 200 000 habitants, est une exception dans le paysage solidement démocrate de la Californie. Nommée d'après le magnat des chemins de fer Henry Huntington, la ville a toujours penché à droite. Même à l'extrême droite, dans les années 1960, quand les suprémacistes de la John Birch Society venaient y parader, puis, dans les années 1990, quand les skinheads l'ont adoptée. Après deux crimes racistes, en 1994 et en 1996, le maire républicain Ralph Bauer a promulgué une « déclaration sur la dignité humaine » affirmant la tolérance de la ville. Côté relooking, Main Street s'est donné une allure hollywoodienne, avec les noms des gloires mondiales du surf gravés sur des plaques incrustées dans les trottoirs.

La pandémie a fait « imploser la ville », raconte Carol Daus. « HB » a été le centre de la révolte anticonfinement en Californie et le shérif du comté a refusé d'appliquer les ordres de l'État. Comme si le Covid-19 avait réveillé les atavismes, une manifestation de nationalistes de *White lives matter* contrée par des militants antiracistes a dégénéré en avril 2021 sur le pier, la jetée qui s'avance de 563 mètres dans l'océan Pacifique. Aux avant-postes de la rébellion antimasques : l'Église évangélique Calvary Chapel of the Harbour et son pasteur, Joe Pedick, qui a aussi été vu au rassemblement contre le prétendu « vol » de l'élection de 2020 par Joe Biden. Et qui vient maintenant au conseil municipal féliciter les élus républicains comme s'ils étaient ses poulains.

En novembre 2022, quatre républicains ont été élus au conseil municipal. Suivis de trois autres en novembre 2024. « Sept à zéro », grince la démocrate sortante Natalie Moser, battue de 3000 voix. Les candidats MAGA avaient fait campagne sur un même programme – « nettoyer », en quatre-vingt-dix jours, les lieux publics des sans-abri, « rendre de nouveau le crime illégal », « dérouler le tapis rouge aux entreprises » – ce qui leur a permis d'éviter la dispersion des votes. « Ils ont su utiliser le système », reconnaît Gina Clayton-Tarvin, membre du bureau du district scolaire, la dernière démocrate à occuper une fonction élective à Huntington Beach.

Augmentation du niveau de vitriol

Sous la houlette de sa nouvelle majorité, « Surf City » est devenue furieusement MAGA. Le 21 janvier, pour la première réunion des nouveaux élus, le maire, Pat Burns, un ancien policier, a disposé un buste de

Donald Trump sur l'estrade, en pleine salle du conseil. Les sept élus ont multiplié les photos avec des casquettes rouges marquées du slogan « *Make Huntington Beach great again* » et du score 7-0. Ils se sont autoproclamés les « MAGA-nificent 7 », les « sept MAGA-gnifiques » – une référence au western *Les sept mercenaires* (1961).

Depuis, c'est une rafale d'ordonnances touchant plus aux sujets de polémique nationale qu'aux questions de voirie et de taxe foncière : suppression de l'obligation vaccinale, obligation de présenter une carte d'identité pour voter, coopération avec la police de l'immigration pour arrêter les sans-papiers… « C'est comme s'ils appliquaient un scénario écrit ailleurs », déplore Sue Firth Welfringer, une éducatrice républicaine qui se mord les doigts d'avoir voté pour les extrémistes locaux et à deux reprises pour Donald Trump.

Les conservateurs ont gagné, mais cela ne semble pas suffire à leur bonheur. « Ils nous narguent », dit l'architecte Larry Slonim. Au conseil municipal, le niveau de vitriol a augmenté. Les réunions sont parfois suivies par des centaines de personnes, en présence de policiers prêts à s'interposer quand un individu, réputé membre de la milice des Proud Boys, s'approche un peu trop près des opposants pour les filmer. Perry Clitheroe, un conseiller financier libertarien passé dans le camp démocrate, ne comprend plus la ville « décontractée » où il a grandi. « J'ai 32 ans, j'ai toujours habité ici. Et, tout à coup, je vois mes voisins s'énerver à propos des migrants et traiter les défenseurs de la bibliothèque de pédophiles ! »

Pour les républicains, la fiesta a commencé à la fin de 2022, lorsqu'ils ont remporté la majorité au conseil. Dès la première réunion, les élus ont porté le montant maximum des dons de campagne de 620 dollars (environ 570 euros) à 5 500 dollars. Ils ont évincé le conseil œcuménique, qui ouvrait les séances. Le maire n'avait pas apprécié la remarque du rabbin Stephen Einstein sur la « détérioration de la décence, aussi bien à l'échelon local que national ». Pas plus que sa mention de l'augmentation présumée des incidents antisémites dans le comté d'Orange, sans mentionner le sort des chrétiens.

Sur sa lancée, le conseil a supprimé le comité formé en 1996 pour lutter contre l'intolérance, et raccourci à six paragraphes la déclaration sur la « dignité humaine ». L'antiracisme a été éliminé du texte, mais deux phrases y sont désormais consacrées aux « différences génétiques entre hommes et femmes » – « Chaque sexe a ses avantages et ses inconvénients », informe la déclaration. Également relégué, le drapeau arc-en-ciel qui flottait, depuis 2021, devant la mairie au moment de la Marche des fiertés LGBT.

Revanche suprême, le 11 février. À l'instigation de la conseillère Gracey Van Der Mark, la municipalité a décidé de célébrer le 50e anniversaire de la bibliothèque municipale par une plaque commémorative apposée sur le bâtiment. L'idée n'aurait ému personne si l'élue n'avait pas fait graver, au centre de la plaque, quatre adjectifs censés décrire l'établissement : « *Magical, alluring, falvanizing, adventurous* » (« Magique, envoûtante, galvanisante, audacieuse »). Initiales formant l'acronyme… MAGA. Les opposants ont crié au ridicule : « envoûtante », une bibliothèque ? Et ont dénoncé la politisation d'une institution d'intérêt général. Plus de 600 courriels de protestation ont été adressés au conseil. Le geste a fait l'effet d'une nouvelle « insulte », décrit Larry Slonim, et peu importe que la plaque ait été « payée avec des fonds privés ».

La porte du bureau de Gracey Van Der Mark est tapissée de l'aigle à tête blanche censé symboliser la puissance des États-Unis. « J'aime les aigles », explique-t-elle. La conseillère, veste écarlate et cheveux noirs parfaitement disciplinés, affiche un parcours emblématique de la galaxie MAGA. Née Gricelda Larrea de parents immigrés – son père mécanicien originaire d'Équateur, sa mère du Mexique –, elle a grandi dans une famille nombreuse de Maywood, banlieue ouvrière du sud-est de Los Angeles à 97 %

hispanique. Jusqu'à 5 ans, elle ne parlait qu'espagnol. Au collège, une enseignante a décidé d'angliciser son prénom.

Enceinte à 19 ans, elle a trouvé un emploi dans la réparation de photocopieurs. Comme toute sa famille, elle a voté pour Barack Obama en 2008. « On avait l'espoir, dit-elle, mais on n'a jamais vu le changement. J'ai arrêté de voter. » En 2015, elle a suivi sur YouTube l'entrée en campagne de Donald Trump. Quand il a tenu un meeting dans le comté, à Costa Mesa, elle est allée le voir en famille. Le spectacle l'a enchantée. À la sortie, ses fils se sont fait bousculer par les manifestants anti-Trump, mais les médias locaux ont attribué la responsabilité des incidents aux partisans du candidat. Le lendemain, elle téléphonait au Parti républicain pour s'engager. « J'ai pris conscience que ça faisait des années que l'on me mentait. »

Commission de supervision des livres

Gracey Van Der Mark s'est fait un nom en pourchassant les contenus sexuellement explicites dans les livres pour enfants. Son premier titre de gloire date de 2020, lorsqu'elle a fait déplacer le récit de Maia Kobabe *Genre queer. Une autobiographie non binaire*[1] de la section

1. Maia Kobabe, *Genre queer. Une autobiographie non binaire*, Paris, Casterman, 2022.

jeunesse de la bibliothèque à celle des adultes. Dans son bureau, elle conserve une collection entière d'ouvrages à contenu sexuel dont elle n'entend épargner aucun détail à ses visiteurs. Les meilleurs extraits sont surlignés, les dessins épinglés, témoignage de son assiduité à traquer les conseils de masturbation non binaire et la fabrication de sextoys « à partir de brosses à dents, d'oreillers, de chaussettes et d'autres objets du quotidien ». La mère de famille se défend de chercher à interdire quoi que ce soit. « Les démocrates considèrent le fait de changer des livres de place comme une guerre culturelle, énonce-t-elle. J'appelle cela protéger les enfants contre des contenus déplacés. »

L'élue reconnaît que la plupart des livres de sa collection appartiennent à une liste destinée aux enseignants d'éducation sexuelle par le département californien de l'enseignement et non au catalogue de la bibliothèque, mais peu importe. En avril 2024, elle a réussi à faire approuver par ses pairs la création d'une commission de supervision des livres pour enfants. Celle-ci serait composée de membres nommés par le conseil municipal. Parallèlement, les élus ont fait savoir qu'ils étudiaient un projet de privatisation de la bibliothèque.

Les deux propositions ont suscité un tollé. Plus de 17000 résidents ont signé une pétition pour réclamer une consultation populaire. Cathey Ryder, une ancienne enseignante, fondatrice de l'association Protect Huntington Beach, a recueilli 170 000 dollars pour défendre la bibliothèque. « Si l'on m'avait dit qu'à 70 ans j'aurais un comité d'action politique… » Le nombre de membres des Amis de la bibliothèque a presque doublé. La consultation a été fixée au 10 juin, date où le Tout-Huntington Beach a la tête ailleurs. Les militants qui ont critiqué ce choix se sont vu opposer la formule dont se pare le mouvement trumpiste. « Les États-Unis étant une République constitutionnelle », l'opposition est priée de se plier aux décisions de la majorité. « Si les gens ont un problème avec l'idée de rendre sa grandeur à l'Amérique, ils ne devraient pas se trouver dans ce pays », résume Gracey Van Der Mark.

Huntington Beach fait face à un déficit de 7,4 millions de dollars. La municipalité n'a pas encore fini de démonter la pompe de pétrole située dans le parking même de la mairie, un héritage de la ruée vers l'or noir des années 1920. L'avocat de la municipalité, Michael Gates, a été appelé au ministère de la Justice de Donald Trump – « à la division des droits civiques », s'esclaffent les démocrates. C'est lui qui a été à l'origine de la stratégie de guérilla judiciaire de la ville contre l'État de la Californie. Une politique ruineuse mais, comme dit Gracey Van Der Mark, « [notre] liberté n'a pas de prix ». Les « MAGA-gnifiques » sont au pouvoir au moins jusqu'en 2026. « Ce qui fait peur, c'est ce qu'ils vont laisser derrière eux, s'inquiète Natalie Moser, l'ancienne conseillère municipale. Ici et dans le reste du pays. »

14
Au Kentucky, j'ai entendu peu de choses sur l'affaiblissement de la démocratie

Arlie Russell Hochschild

La sociologue rend compte de ses entretiens avec des habitants d'un district rural et pauvre de cet État américain, où 80 % des électeurs ont voté Trump en2024.

En ce début de second mandat présidentiel, Donald Trump a déjà déclenché une guerre douanière qui déstabilise le monde entier, parlé du Canada comme du 51ᵉ État américain et du Groenland comme d'un bien immobilier à acheter, accéléré les expulsions d'étrangers, effacé le terme « *science-based* » (« fondé sur la science ») sur les sites Internet gouvernementaux, et licencié plus de 100 000 employés de ce qu'appelle le gouvernement l'« État profond ». Quant à Elon Musk, dirigeant le département de l'efficacité gouvernementale (DOGE), il s'est engagé à réduire les programmes d'aide américains de 700 milliards de dollars (environ

615 milliards d'euros) et a qualifié la sécurité sociale de « système de Ponzi », soit une escroquerie. Dans l'est du Kentucky, une région républicaine jusqu'à l'os, qu'en disent les électeurs ?

Au cours de travaux de recherches qui ont duré sept ans, j'ai rencontré une grande diversité de personnes de toute la circonscription électorale de « Kentucky 5 », la plus blanche et la deuxième plus pauvre du pays. Dans cette région rurale autrefois fière, les emplois bien rémunérés du secteur du charbon disparaissent tandis que la consommation d'opioïdes va crescendo. Il y a bien des emplois à bas salaire dans le secteur des services, mais ils ne payent pas les factures. Seuls 18 % des plus de 25 ans détiennent un diplôme de licence ou supérieur susceptible de leur ouvrir les portes d'un emploi plus rémunérateur.

Dans les années 1930 et 1990, la région a constitué un bastion des présidents démocrates Franklin Roosevelt (au pouvoir de 1932-1945) et Bill Clinton (1993-2001). Mais, en 2016, 2020 et 2024, quelque 80 % des électeurs de Kentucky 5 ont donné leur voix à Donald Trump. Et environ 45 % des personnes inscrites sur les listes électorales n'ont pas voté. Paradoxalement, les sympathisants de Donald Trump comptent souvent parmi les populations les plus vulnérables à ses politiques. Comme dans quantité d'États républicains, en effet, une part importante du budget de l'État provient du gouvernement fédéral – 38 % –, et une majorité écrasante des sommes reçues est redistribuée aux zones rurales. Dans la circonscription de Kentucky 5, 44 % de la population dépend de Medicaid et près de trois enfants sur quatre remplissent les conditions pour bénéficier de bons alimentaires.

Les habitants de Kentucky 5 à qui j'ai parlé depuis 2017 me semblent entrer dans l'une de ces trois catégories d'électeurs : les trumpistes enthousiastes ; ceux qui attendent de voir ; et les sceptiques. Les enthousiastes, qui représentent peut-être ici un quart des électeurs de Trump, semblent issus du monde entrepreneurial le mieux loti, de l'élite des laissés-pour-compte – et de régions comme les Appalaches notamment. La deuxième catégorie est dans l'expectative : elle garde espoir, mais se montre plus passive. La troisième est ouvertement inquiète – principalement à l'idée qu'un milliardaire puisse réduire les impôts des riches et supprimer les aides des pauvres.

Andrew Scott, 61 ans, est tout feu tout flamme après avoir assisté au premier meeting de victoire du mouvement MAGA (*Make America great again*) à Washington et, assis aux premiers rangs, à la cérémonie et au bal d'investiture de janvier. Il avait été invité, avec son épouse, à « représenter les maires américains ».

Andrew Scott est le maire de Coal Run, un village d'environ 1 600 habitants où, chaque année, il distribue des sacs à dos aux écoliers « parce qu'ils en ont vraiment besoin ». Il se souvient du bal : « J'étais assis entre le président argentin, M. Milei, et l'ex-première dame brésilienne, Mme Bolsonaro. Aucun média n'était autorisé sauf pour photographier le président et Melania [la première dame] lorsqu'ils ont ouvert le bal. C'était surréaliste. » Et de partager avec moi une vidéo du couple présidentiel entamant la première danse.

Avant l'élection présidentielle, Andrew Scott m'avait dit : « Il y a tellement de choses qui fichent le camp ici. Nous avons besoin d'un leader fort pour lutter contre la "guerre contre le charbon" des démocrates, remettre les choses en ordre. Trump n'y va pas de main morte, d'accord, mais il est de notre côté. J'ai confiance en lui. C'est notre bulldozer. » Après les élections, le maire de Coal Run ajoute : « J'ai aussi confiance en J. D. Vance et Elon Musk. »

Que pense-t-il des suppressions de postes de Musk ? « Rien ne dit qu'elles nuiront aux habitants de Coal Run. » Et des droits de douane de Musk ? « Ils pourraient nous nuire, mais pas longtemps, répond-il. Notre pays n'a pas pris soin de lui-même. Et aujourd'hui, il découvre qu'il a une maladie grave. Alors pour guérir, nous devons suivre un traitement désagréable. Après, nous serons de nouveau en bonne santé. »

Même son de cloche chez Roger Ford, 54 ans, président d'Eureka Energy Corporation, une start-up basée à Pikeville, dans le Kentucky. Il donne à Donald Trump un enthousiaste 20/20. « Washington avait oublié l'Amérique rurale, déplore-t-il. Vous savez que les personnes qui travaillent pour le gouvernement fédéral sont plus riches que les habitants de Manhattan ? »

C'est la richesse des employés du gouvernement, et non celle des milliardaires du secteur privé, qu'il considère comme illégitime. « Je suis heureux que Trump ait supprimé l'Usaid [Agence américaine pour le développement international], poursuit-il. Je ne savais pas que l'Usaid donnait de l'argent à la BBC. Maintenant, je ne ferai plus confiance aux informations qu'elle diffuse. » En réalité, il s'agit de l'organisation caritative internationale BBC Media Action, indépendante de la BBC.

La société de Roger Ford est prestataire dans le secteur des énergies renouvelables. S'inquiète-t-il de la suppression de l'expression « changement climatique » et de celle des preuves scientifiques de ce phénomène sur les sites Internet gouvernementaux ? « Pas du tout. » Pas plus que du fait que Trump considère le Canada comme le 51e État américain.

« En fait, il parle de former une grande union nord-américaine, comme l'Union européenne, et il a le pouvoir de faire ce qu'il est en train de faire. »

Point de bascule

Le seul point qui le préoccupe – sérieusement, même –, c'est que Trump menace de supprimer le soutien militaire à l'Ukraine. « Nous devons soutenir l'Ukraine, estime-t-il. La question de l'Ukraine pourrait déchirer le mouvement MAGA. » Lorsque je lui demande ce qu'il pense d'une phrase de Trump – « Celui qui sauve son pays ne viole aucune loi » –, il réplique, l'air irrité par ma question : « Trump fait ce qui doit être fait. »

Même s'il n'habite pas la circonscription de Kentucky 5, le néonazi Matthew Heimbach est entré dans l'histoire de cet État en 2017, lorsqu'il a conduit une marche nationaliste blanche dans les rues de Pikeville, marche qui s'est avérée être un galop d'essai de la violente manifestation « *Unite the Right* » (« Unir la droite »), qu'il a codirigée trois mois plus tard à Charlottesville, en Virginie, et qui a fait un mort. « Trump fait tout ce que nous demandions », se félicite-t-il, en référence aux revendications du nationalisme blanc. « Il y a dix ans, les gens me traitaient de fou, mais plus aujourd'hui. »

Contrairement à l'élite locale enthousiaste, certains ont voté Trump sans grande conviction, pour lui donner sa chance. Robert Musick, un pasteur et professeur de religion à l'université de Pikeville, démocrate discret, observe que, « quand Trump a mis une raclée à Zelensky, quand il a renvoyé des milliers de travailleurs de l'Usaid, quand les services d'immigration ont fait une descente dans un restaurant mexicain de Williamson [une ville voisine] et expulsé son propriétaire, il n'y a pas eu de critiques ni d'opposition ».

Quant aux coupes budgétaires massives de Musk, M. Musick répond : « Les trumpistes que je connais soutiennent largement ses mesures qui visent à dégraisser le gouvernement. Virer des gens qui font un boulot dont ils n'ont jamais entendu parler ? OK. Faire baisser les impôts ? OK. » Rares sont les Kentuckiens qui semblent s'inquiéter pour leurs droits, par exemple pour Medicare ou le système de retraite et d'aides sociales, ajoute-t-il. « Ici, les gens pensent qu'il n'y touchera pas. »

Les autres, enfin, les électeurs de Kamala Harris et de Bernie Sanders, les abstentionnistes qui n'ont plus foi en leurs dirigeants politiques, forment une minorité vigilante. À leurs yeux, le fossé béant entre les riches et les pauvres constitue un problème, un grave problème que Trump et Musk exacerbent en réduisant les impôts des riches et les aides des pauvres.

Sherry, 35 ans, a enchaîné les boulots mal payés depuis ses 18 ans. Jusqu'à ce que, il y a cinq ans, elle décroche un poste mieux rémunéré d'employée commerciale dans un restaurant. Mais lorsque le restaurant a périclité, elle a perdu son emploi. Son mari, au chômage, vivait grâce à une pension d'invalidité. « Mon mari et moi, raconte-t-elle, ne pouvions pas demander à nos amis de nous prêter de l'argent parce qu'ils avaient eux-mêmes des problèmes financiers. »

« J'ai voté Harris, poursuit Sherry. Mais maintenant que Trump est président, j'essaie de lui accorder le bénéfice du doute. Au début, je croyais que le département de l'efficacité gouvernementale de Musk luttait juste contre les fraudes et les abus. Mais un milliardaire qui prive les gens de soins et de services sociaux ? Non. À la fin, je ne pouvais plus payer mon hypothèque, ni Internet, l'électricité, le téléphone… et la nourriture. » Les bons alimentaires les ont sauvés jusqu'à ce qu'elle retrouve un emploi. « Il faut bien que les gens mangent. »

La population de Kentucky 5 pourrait-elle arriver à un point de bascule, si ceux qui accordent le bénéfice du doute à Trump commençaient à douter de lui ? Ou, pour filer la métaphore du maire de Coal Run, Andrew Scott, selon laquelle les États-Unis sont comme un malade qui doit subir une intervention difficile pour recouvrer la santé, le patient a-t-il confiance dans le remède ? L'élite locale trumpiste à qui j'ai parlé semblait prête, sur le plan émotionnel, à soutenir Trump même en cas de chute des marchés boursiers et de suppression des aides sociales.

J'ai entendu peu de choses au sujet de l'affaiblissement de la démocratie et du système d'équilibre des pouvoirs. Il est plus probable que, avec la hausse des prix et la suppression des aides, les Américains comme ceux qui vivent à Kentucky 5 atteignent un « point de bascule économique ». Car ils seront sans doute de plus en plus nombreux à voir Trump comme le problème plutôt que comme la solution.

Début avril, dans le Kentucky, des inondations torrentielles ont emporté un garçon de 9 ans qui se rendait à pied à l'arrêt du car scolaire. Lors de précédentes inondations, la Federal Emergency Management Agency (Agence fédérale de gestion des urgences), qui assure l'envoi de secours en situation d'urgence, était venue aider la population. Depuis, une chose s'est passée : Donald Trump vient d'imposer à l'agence de lourdes coupes budgétaires.

Arlie Russell Hochschild est sociologue, professeure émérite à l'université de Californie à Berkeley. Elle a publié, à propos de la droite américaine, *Strangers in their own Lland. Anger and mourning on the american right* (The New Press, 2018) et *Stolen pride. Loss, shame, and the rise of the right* (The New Press, 2024), non traduits en français.

L'immigration, la première ligne de front

15
Politique migratoire des États-Unis. Stephen Miller, l'idéologue en chef de la Maison Blanche

Piotr Smolar

La ville de Los Angeles a constitué en juin le premier test grandeur nature de la politique brutale d'expulsions de sans-papiers prônée par l'administration de Donald Trump. Le président des États-Unis n'a pas hésité à déployer la Garde nationale, sans se concerter avec le gouverneur démocrate, en réponse à des manifestations de protestation contre les rafles de la police de l'immigration.
Pourfendeur du « racisme anti-Blancs », le chef de cabinet adjoint de la Maison Blanche veut purger la société des migrants illégaux, qu'il associe à des criminels.

Washington, correspondant

Il ne parle pas, il crie. Ainsi s'exprime Stephen Miller, dont la brutalité fait la réputation. Le conseiller le plus influent de Donald Trump, chef adjoint de l'administration, ne peut s'en empêcher. « Un haineux de classe mondiale », a lâché à son sujet, sur X, un journaliste de la chaîne ABC, Terry Moran, immédiatement suspendu par sa direction, dimanche 8 juin. Le vice-président, J.D. Vance, a accouru au secours du conseiller, en assurant sur le même réseau qu'il était « motivé par l'amour du pays ».

Drôle d'amour, et drôle de pays, vu comme un champ de bataille. « Nous reprendrons l'Amérique », jurait Stephen Miller ce week-end, en réponse aux images éparses d'émeutiers à Los Angeles. Un détail semblait l'obséder : la présence d'un drapeau mexicain, tenu par un homme à moto. « Regardez tous ces drapeaux étrangers. Los Angeles est un territoire occupé », écrivait-il, dimanche soir.

Populisme identitaire

Le 1er mai, lors de l'un de ses rares passages en salle de presse à la Maison Blanche, Stephen Miller, 39 ans, le regard noir, ne tenait pas en place. Il s'apprêtait à saturer les journalistes de ses formules définitives. L'idéologue en chef, venu des franges xénophobes de la droite nationaliste, s'exprime sans notes. Il célébrait ce jour-là les initiatives de Donald Trump pour combattre « la culture communiste "woke" cancérigène qui détruisait notre pays, nous conduisant à croire que les hommes sont des femmes, que les femmes sont des hommes, que la discrimination raciale [contre les Blancs] est bonne, que le mérite est mauvais, et que la sûreté et la sécurité physique importent moins que les sentiments des idéologues libéraux ». La référence au cancer témoigne de l'affrontement sans merci dans lequel l'orateur s'épanouit : les patriotes contre les traîtres, l'ordre contre le chaos.

De façon caricaturale, Stephen Miller a décrit une Amérique en perdition sous Joe Biden, coupable de « trahison honteuse » des travailleurs. Les incidents de Los Angeles lui offrent le cadre de ses fantasmes : la guerre civilisationnelle faisant de la figure de l'étranger une infection. Les démocrates peuvent s'en vouloir : en abandonnant la question migratoire et en négligeant l'impact de l'inflation, ils ont offert un terreau favorable à ce populisme identitaire.

Lorsqu'un élu républicain cherche à transmettre un message au président, sans avoir de lien personnel avec lui, il compose le numéro de Stephen Miller. Tandis que la cheffe de l'administration, Susie Wiles, veille à l'organisation la plus fluide possible, acceptant les impulsions et les improvisations du président, Stephen Miller est un faux numéro deux : il est le gardien du temple identitaire qu'il a largement contribué à bâtir.

« Stephen Miller est un allié fantastique pour le président, un conseiller de confiance et un leader à part entière, explique au Monde Jason Miller (sans lien de parenté), autre conseiller de longue date de Donald Trump. Il comprend le président comme ils sont peu à le faire, surtout en ce qui concerne la frontière et l'arrêt de l'immigration illégale. Il transforme ses idées en mesures politiques. »

Fin 2020, Stephen Miller a participé à la tentative de renversement du résultat électoral, en promouvant de fausses listes de grands électeurs. Pendant les quatre années de la présidence Biden, il a préparé sa revanche, en lien avec des experts conservateurs, à la tête de sa propre organisation, America First Legal. Le conseiller n'avait alors que les plateaux télévisés pour exprimer sa hargne contre la gauche. Quand la victoire électorale de Donald Trump s'est dessinée, Stephen Miller préparait déjà l'onde de choc : des décrets présidentiels en rafale, prévus dès les premières heures de Trump II, visant non seulement à tourner la page Biden, mais à mener une entreprise révolutionnaire.

Formules incendiaires

Sur le plan institutionnel, il s'agissait d'étendre au maximum les limites du pouvoir exécutif, en anticipant la confrontation avec les juges fédéraux, dont les plus récalcitrants sont présentés comme des « communistes ». Sur le plan idéologique, le dessein consiste à renverser l'évolution du pays depuis les années 1960.

De changer le visage de l'Amérique, rien de moins. D'imposer un enseignement patriotique de l'histoire, de détruire un fantasmé « racisme anti-Blancs », de faire une chasse impitoyable au wokisme et à la promotion des minorités, au sein de l'État fédéral, dans les écoles et les universités, et jusqu'aux entreprises privées.

Mais l'ambition suprême de Stephen Miller demeure de purger la société des migrants illégaux, qu'il déshumanise et associe de façon systématique à des criminels. On estime leur nombre à environ 11 millions, mais la Maison Blanche évoque toujours, sans preuves, celui de 21 millions. Tous les moyens de coercition sont justifiés, aux yeux du chef adjoint de l'administration, pour mener cette entreprise à bien, y compris en mobilisant l'armée ou en invoquant l'*Alien Enemy Act* de 1798, qui permet à un président en temps de guerre d'expulser sans formalités les participants à une invasion étrangère.

Cette législation poussiéreuse a offert à l'administration le vernis juridique pour envoyer en prison, au Salvador, des membres allégués du groupe criminel vénézuélien Tren de Aragua. Le 4 juin, Donald Trump a renoué avec le « *travel ban* », l'interdiction complète du territoire américain aux ressortissants de douze pays. Mais il faut que la répression se traduise en chiffres et en images.

Selon le site Axios, Stephen Miller et la secrétaire à la sécurité intérieure, Kristi Noem, ont demandé récemment aux agents de l'ICE – l'agence chargée de l'immigration et des postes frontières – d'arrêter 3 000 clandestins par jour (contre 400 en moyenne, en février et mars). Le conseiller se nourrit de cette menace d'une submersion, justification de tous les expédients utilisés. C'est ainsi qu'il a annoncé, le 9 mai, à la consternation de tous les juristes, que l'habeas corpus pouvait être suspendu « lors d'une période d'invasion » – soit la possibilité donnée à chaque personne arrêtée et poursuivie, qu'elle soit américaine ou non, de défendre ses droits.

« L'argument de l'invasion va à l'encontre de leur propre récit selon lequel les frontières sont sous contrôle, note l'avocat Muzaffar Chishti, expert au sein de l'organisation Migration Policy Institute. Dans le même temps, ils disent vouloir suspendre l'habeas corpus, à moins que les juges n'agissent de façon correcte. Si ce n'est pas une menace de type mafieux, je ne sais pas ce qui en serait une. »

Le conseiller reste un orateur redoutable, un manieur de formules incendiaires. À neuf jours de l'élection présidentielle de novembre, Stephen Miller était l'un des intervenants sur la scène du mythique Madison Square Garden, à New York, pour le plus grand meeting de campagne. « Qui va se dresser et dire les cartels dehors, les migrants criminels dehors, les gangs dehors, l'Amérique est pour les Américains et les Américains uniquement ? Un homme, mesdames et messieurs, et cet homme a pris une balle pour vous. » Pour marquer les 100 premiers jours de sa présidence, lors d'un rassemblement à Warren (Michigan) fin avril, Donald Trump a fait monter sur scène l'homme au crâne rasé. « J'aime ce gars. Il n'y a personne de plus malin et de plus dur que Stephen Miller. » En retour, celui-ci a salué « le plus grand président de l'histoire américaine ».

Dans ce second mandat, l'autorité de Stephen Miller dépasse largement la seule thématique migratoire, à l'image de son engagement en défense du « Big Beautiful Bill », le train de dépenses que la Maison Blanche essaie de faire adopter au Congrès. Il est une sorte de *consigliere*, toujours prêt à bondir pour défendre son patron. Lorsque le conseiller à la sécurité nationale, Mike Waltz, a été remercié, début mai, la rumeur d'une promotion de Stephen Miller a circulé. Donald Trump a écarté cette idée. « Je pense qu'indirectement, d'une certaine façon, il a déjà ce boulot », a dit le président sur la chaîne NewsNation, situant même son conseiller « au sommet du mât totémique ».

Quand le magazine *The Atlantic* a révélé les échanges d'un groupe de hauts responsables sur la messagerie Signal, auquel un journaliste avait été associé par mégarde, l'autorité de Stephen Miller est apparue, hors caméras et micros. Le 15 mars, le groupe discutait de la campagne de frappes sur le point d'être déclenchées contre les houthistes au Yémen. J.-D. Vance, exprimait ses réserves, suggérant de retarder l'opération d'un mois. Stephen Miller a rapidement étouffé le débat interne. « Tel que je l'ai entendu, le président a été clair. Feu vert, mais nous ferons bientôt savoir à l'Égypte et à l'Europe ce que nous attendons en retour. »

Autoradicalisation

Stephen Miller est un compagnon de route de la première heure pour Donald Trump. Lors du premier mandat de ce dernier, il rédigeait ses discours et assurait le suivi du dossier migratoire. On lui a attribué la responsabilité des séparations de force entre les enfants nés aux États-Unis et les parents en situation irrégulière, expulsés. Son parcours témoigne d'une forme étonnante d'autoradicalisation, jusqu'à incarner l'ultranationalisme blanc.

Né en 1985, Stephen Miller a grandi à Santa Monica, en Californie, terre libérale par excellence. Dans son lycée, il était déjà fasciné par les personnages conservateurs transgressifs, comme le présentateur radio Rush Limbaugh ou celui qui deviendra un mentor : David Horowitz, croisé anti-migrants, qu'il convia à intervenir dans son établissement. Sa détestation du consensus libéral s'est développée dès cette époque. Stephen Miller a aussi compris le pouvoir de la haine et de la provocation. Il a poursuivi sur cette voie lorsqu'il fréquentait la prestigieuse université Duke (Caroline du Nord).

Cela a été un choc pour son entourage. Les deux branches de sa famille étaient originaires de la zone de résidence réservée aux juifs dans l'ouest de la Russie tsariste. Neuropsychologue à la retraite, l'un de ses oncles, David Glosser, avait publié une tribune émouvante dans le magazine *Politico*, en 2018, soulignant la trahison de ces origines. « J'ai observé avec consternation et une horreur grandissante la façon dont mon neveu, homme éduqué bien conscient de son héritage, est devenu l'architecte de politiques migratoires qui renient les fondements mêmes de l'existence de notre famille dans ce pays », écrivait-il.

Stephen Miller, lui, jouit de son pouvoir sans précédent. Son épouse, Kate Miller, a été la porte-parole du département de l'efficacité gouvernementale (DOGE), auprès d'Elon Musk. Le milliardaire a formellement quitté la Maison Blanche, mais elle va continuer à travailler à ses côtés, suscitant ainsi de fortes spéculations sur la supposée détestation entre les deux hommes. Les Miller se sont mariés en 2020 à Washington. La cérémonie a eu lieu au Trump International Hotel.

16
Denver, la ville sanctuaire des migrants, dans le viseur de Trump

Corine Lesnes

Lancé à grand renfort de blindés et de caméras, le plan d'expulsion de masse de la nouvelle administration américaine se heurte à la résistance des villes sanctuaires, qui, comme la capitale du Colorado, refusent de prêter main-forte à la police fédérale de l'immigration. Malgré les menaces de gel des subventions, les associations continuent d'organiser l'aide auprès d'une population désormais condamnée à la peur.

Jeanette Vizguerra est toujours là. Elle n'a pas quitté le pays et, quoi qu'en pensent Donald Trump et ses fidèles, elle ne partira pas, du moins pas sans combattre. En 2017, après l'investiture de l'homme qui avait fait des Mexicains ses cibles de prédilection, la mère de famille était « entrée en sanctuaire » – son expression – comme on entre dans les ordres.

Réfugiée au sous-sol d'une église de Denver (Colorado), elle était devenue le visage des sans-papiers, établis depuis des années aux États-Unis mais pourchassés par la police de l'immigration. Le magazine *Time* en avait fait l'une des cent personnalités de l'année 2017. La comédienne America Ferrera avait pris la plume pour saluer cette mère courage devenue l'icône du mouvement sanctuaire, ce rassemblement d'églises, de villes et de citoyens qui refusent de collaborer à l'arrestation de leurs voisins.

Huit ans ont passé. Jeanette Vizguerra a réussi à rester aux États-Unis grâce à une dérogation temporaire, renouvelée d'année en année, mais elle est toujours sous le coup d'une mesure d'expulsion. À ce stade de la campagne d'« expulsions de masse » lancée dès son retour au pouvoir par Donald Trump, elle préfère ne pas donner son adresse par téléphone. On la rejoint dans un pavillon de la banlieue ouest de Denver, dans un quartier en surplomb de l'autoroute qui file vers les montagnes Rocheuses. Quartier ami, à en juger par les fresques murales de la Vierge de Guadalupe, icône pour les Mexicains.

Les enfants de Jeanette ont grandi. Nés aux États-Unis, ils ont un passeport américain, en vertu de ce droit du sol que Donald Trump veut extraire de la Constitution. Luna, 20 ans, se prépare à entrer dans l'armée américaine.

Roberto, 19 ans, a fini le lycée. À 10 ans, les enfants savaient déjà comment se comporter si la police essayait d'arrêter leur mère. Les deux grands filmeraient l'interpellation sur leur portable et appelleraient son avocat, pendant que Zury, la petite, irait se réfugier dans la chambre de ses parents. Aujourd'hui, c'est la consigne que Jeanette diffuse sur la page Facebook où elle enseigne aux sans-papiers à réagir aux opérations policières. Préparer les enfants. Leur donner un rôle, au lieu de les laisser assister impuissants à la séparation forcée d'avec leurs parents.

Jeanette Vizguerra ne cache pas que les temps sont devenus difficiles. L'administration Trump 2 est « beaucoup plus agressive », constate-t-elle dans un anglais rugueux. « Elle essaie de faire le plus de dégâts possible dans nos communautés. » Elle n'a plus de nouvelles d'America Ferrera. Mais elle dit que les migrants ne peuvent pas laisser le gouvernement « semer la terreur » dans leur esprit. La porte-voix des sans-papiers a travaillé plus de vingt-sept ans dans le Colorado comme femme de ménage. Elle a écopé d'une mesure d'expulsion en 2009 pour avoir été en possession d'une fausse carte de Sécurité sociale, le sésame qui permet de trouver un emploi. En 2013, elle a été arrêtée à la frontière, alors qu'elle revenait clandestinement du Mexique – où elle avait pris le risque de retourner pour voir une dernière fois sa mère, hospitalisée. À 54 ans, elle s'estime en droit de rester aux États-Unis. « Je ne vais pas les laisser me séparer de ma famille sans me battre », défie-t-elle.

Le mouvement sanctuaire est apparu dans les années 1980, quand les églises américaines offraient refuge aux Salvadoriens fuyant la guerre civile. Il n'a pas de définition juridique universelle, mais désigne les États ou les villes qui ont décidé de limiter leur coopération avec la police de l'immigration, l'Immigration and Customs Enforcement (ICE). Pendant le premier mandat de Donald Trump, de 2017 à 2021, près d'une dizaine d'États démocrates (Californie, Colorado, Connecticut, Illinois, Massachusetts, New Jersey, New York, Oregon, Washington) et une centaine de villes se sont déclarés sanctuaires : ils ont adopté des lois interdisant à leurs polices locales d'aider la police fédérale à arrêter des clandestins. Beaucoup ont aussi interdit à la police de l'immigration de saisir des détenus dans les prisons locales sans un mandat délivré par un juge fédéral. Nombre d'États républicains (Alabama, Géorgie, Floride, Iowa, Tennessee, Texas, Virginie-Occidentale) ont contre-attaqué en adoptant des mesures inverses, obligeant les forces de l'ordre locales à coopérer avec les autorités fédérales. Le terme « sanctuaire » est devenu le symbole des divisions de la société américaine sur un sujet qui a pesé lourd dans la victoire de Donald Trump lors de l'élection de novembre 2024.

Denver, la capitale du Colorado, État républicain jusqu'en 2008 et désormais solidement bleue, est l'une de ces villes sanctuaires que l'administration Trump essaie de mettre au pas mais qui n'ont pas l'intention de plier face aux injonctions présidentielles, quitte à agir en justice. Aux États-Unis, l'immigration est du seul ressort de l'État fédéral. Rien n'oblige les polices locales à vérifier les permis de séjour des résidents. « Nous avons un principe très clair de séparation des pouvoirs, explique Violeta Chapin, professeure de droit et spécialiste de l'immigration à l'université du Colorado, à Boulder. Le gouvernement fédéral ne peut pas forcer les États à faire son travail. Il peut le leur demander, les encourager, mais il ne peut pas les y contraindre. »

À peine installé dans le bureau Ovale, Donald Trump a frappé fort. Arrestations à grand spectacle, migrants menottés et renvoyés dans leur pays sous l'œil des caméras, annulation du statut temporaire accordé depuis 2023 aux Vénézuéliens, gel des subventions aux ONG de défense des migrants... Dans les deux jours qui ont suivi l'investiture du 20 janvier, l'association Rocky Mountain Immigrant Advocacy Network (Rmian), un réseau d'avocats spécialisés dans l'immigration, s'est vu signifier l'interdiction de fournir des conseils juridiques au sein du centre de détention d'Aurora, dans la banlieue de Denver, l'un des plus grands du pays, où quelque 1 530 migrants, qui pour la plupart parlent à peine anglais, attendent de comparaître devant un juge. « C'est tellement cruel », note Mekela Goehring, la directrice de Rmian. Après s'être pourvue en justice, l'association, qui a formé une centaine d'avocats bénévoles, a retrouvé son accès aux migrants, mais elle s'attend d'un jour à l'autre à perdre 25 % de ses subventions. La confusion – le « chaos », disent les avocats – règne sur le statut des migrants. Ceux qui avaient saisi les opportunités de régularisation offertes au fil des années par les autorités américaines comprennent qu'ils ont construit sur du sable, que tout est susceptible d'être remis en question. Les demandeurs d'asile, les jeunes dreamers – amenés par leurs parents et protégés depuis 2010 par un statut temporaire (le programme *Deferred action for childhood arrivals*, ou DACA) –, les parents d'enfants américains en attente d'une annulation de leur injonction à quitter le territoire : tous sont désormais susceptibles de faire l'objet d'une procédure d'« expulsion accélérée ». Et, comme ils ont fourni leurs coordonnées dans leur dossier, la police n'a plus qu'à les cueillir. « Plus personne n'est à l'abri », s'alarme l'étudiant en droit Hunter Parnell après avoir rendu visite, au centre de rétention, à un homme installé depuis plus de vingt ans aux États-Unis mais qui a eu le tort de se trouver « au mauvais moment au mauvais endroit ».

La peur est intermittente, diffuse. « C'est une sorte de guerre psychologique », explique Kayla Choun, avocate au sein du cabinet Elevation Law, spécialisée dans la défense des migrants. Mais, malgré le départ en fanfare de sa campagne d'« expulsions de masse », l'administration Trump se heurte aux réalités. Selon le département de la sécurité intérieure, 37 660 personnes ont été expulsées en un mois, soit moins que sous Joe Biden (57 000 expulsions mensuelles en moyenne en 2024). Déçu par les premiers résultats, Donald Trump s'impatiente. Pour aider la police de l'immigration, débordée, il veut forcer les collectivités locales à arrêter les sans-papiers et à les détenir, quitte à menacer de couper les fonds aux villes démocrates qui protègent les migrants.

Au cœur du concept de sanctuaire existe l'idée que certaines zones dites « sensibles » doivent être épargnées. Les parents doivent pouvoir déposer leurs enfants à l'école ou se rendre à l'hôpital sans risquer d'être arrêtés. Pour les responsables des collectivités sanctuaires, la sécurité de l'ensemble de la population est compromise si les migrants hésitent à s'adresser à la police de peur d'être arrêtés. Depuis 2011, une directive fédérale empêchait l'ICE de cibler les églises, les écoles et les hôpitaux. Donald Trump l'a révoquée dès le 20 janvier. « Les villes sanctuaires sont un sanctuaire pour les criminels, un point c'est tout, a asséné Tom Homan, l'architecte de la campagne d'expulsions massives, sur Fox News. Fini de jouer. »

La remise en cause de ces protections a semé la consternation à Denver. Dans les écoles, les cliniques, les centres d'accueil pour étrangers, le personnel a dû suivre une formation. « Si la police se présente pour arrêter un patient, on doit demander à voir le mandat, résume le pédiatre Mohamed Kuziez, qui exerce au Children's Hospital Colorado. On peut refuser l'accès, mais on s'expose à être poursuivi pour obstruction à un agent de la force publique. »

Sur le campus universitaire d'Auraria, dans le centre de la ville, où plus d'un quart des 42 000 étudiants est hispanique, les jeunes Latinos sont persuadés qu'ils sont surveillés par des agents en civil. « Ça rappelle les années 1930, quand Herbert Hoover a fait expulser 2 millions de Mexicains, dont plus de la moitié étaient des citoyens américains », affirme un étudiant en histoire, en référence à la campagne dite de « rapatriement mexicain » menée après la crise de 1929 par le gouvernement américain. Le 12 février, le district scolaire des écoles publiques de Denver, qui représente 207 établissements et 93 000 élèves de la maternelle à la terminale, a été le premier du pays à porter plainte pour rétablir l'interdiction des descentes de police dans les zones sensibles. Dans les écoles, la peur de la « migra », la police de l'immigration, est « dévastatrice », a souligné le responsable du district scolaire, Alex Marrero.

À une altitude de 1600 mètres, ce qui lui vaut son surnom de « Mile High City » (1 mile = 1609 mètres), Denver s'enorgueillit de son capitole au toit recouvert de feuilles d'or 24 carats. Malgré la neige, plusieurs milliers de manifestants se sont rassemblés devant le bâtiment le 17 février, lors du *Presidents' Day*, jour de la traditionnelle célébration des présidents américains, pour protester contre la dérive « monarchique » de Donald Trump et d'Elon Musk. Aucun migrant n'était présent. À deux pas de là, sur Grant Street, la First Baptist Church, tout en brique rouge, est l'une des 800 églises sanctuaires du pays (elles n'étaient que 250 en 2014). Dans le couloir, une affiche communique le numéro de téléphone à appeler pour prévenir que des véhicules de l'ICE sont dans le quartier. C'est là que Jeanette Vizguerra s'était réfugiée, en 2017, dans une pièce aménagée dans le sous-sol. Fin janvier, l'église a fait installer un dispositif de sécurité. Si les agents de l'ICE veulent entrer, ils trouveront les portes fermées. La congrégation a décidé de « rester accueillante », indique Kurt Kaufman, l'assistant du pasteur. Elle se portera discrètement au secours des migrants en situation d'urgence. « Mais, si la police vient avec un mandat, il n'y a pas grand-chose que nous pourrons faire », soupire le jeune diacre.

Les États et villes sanctuaires n'en sont pas à leurs premières attaques de la part du camp républicain. Début 2024, le très droitier gouverneur du Texas, Greg Abbott, avait expédié par bus à Denver des milliers de demandeurs d'asile, principalement des Vénézuéliens. La ville avait été débordée par l'arrivée de quelque 40 000 migrants en six mois, mais elle s'était mobilisée pour les loger puis les orienter vers d'autres localités. Le 3 mars, le maire, Mike Johnston (qui n'a pas répondu à notre demande d'entretien), est convoqué à la Chambre des représentants, en compagnie de ses collègues démocrates de Boston et de Chicago. La commission de surveillance et de réforme du gouvernement leur reproche de « compromettre la sécurité des Américains » en « entravant la capacité des agents fédéraux » à procéder à l'arrestation de criminels par leurs politiques « obstructionnistes ». L'offensive des républicains ne s'arrête pas là. La nouvelle ministre de la justice, Pam Bondi, a ordonné le gel des crédits qui, sous l'administration Biden, étaient octroyés aux villes sanctuaires pour compenser les dépenses occasionnées par l'arrivée des demandeurs d'asile (350 millions de dollars dans le cas de Denver). Ancienne procureure générale de Floride, grande alliée de Trump, elle envisage de poursuivre, au nom de l'*Immigration and Nationality Act*, les responsables locaux qui font obstacle à la transmission d'informations aux autorités fédérales. « Cette loi ne dit rien sur l'obligation de recueillir ces informations, rétorque la professeure Violeta Chapin. Personne n'a dit, à Denver, de ne pas partager d'informations avec le gouvernement fédéral. Le principe des villes sanctuaires, c'est qu'elles ne collectent tout simplement pas ces informations. »

Fondée en 1858, aux débuts de la conquête de l'Ouest, la ville de Denver abrite l'avenue commerciale la plus longue des États-Unis. Étendue sur 80 kilomètres d'est en ouest, Colfax Avenue est bordée d'entrepôts, d'hôtels bon marché, de restaurants éthiopiens ou mexicains. Elle traverse Aurora, banlieue de Denver devenue fameuse dans le monde MAGA (*Make America great again*) depuis que Trump en a fait le symbole de l'Amérique envahie par les criminels et par le gang vénézuélien Tren de Aragua en particulier. Avec 400 000 habitants dont un sur cinq est né hors des États-Unis et une centaine de nationalités, Aurora se voyait comme « l'Ellis Island des plaines », en référence à l'île de New York où débarquaient les migrants venus d'Europe. Lors d'un meeting de campagne sur place, le 11 octobre, Donald Trump en a fait le cœur de « l'Amérique occupée » qu'il a promis de « libérer ».

L'« opération Aurora » a eu lieu le 5 février. Plusieurs complexes résidentiels des quartiers longeant East Colfax ont vu le débarquement de commandos avec des gilets pare-balles marqués ICE, soutenus par des transport de troupes blindés et des fumigènes. Arrivés au complexe d'appartements Edge of Lowry, un ensemble d'une soixantaine de logements mal entretenus, où les résidents se plaignaient depuis des années non pas des gangs mais des marchands de sommeil exploitant leur situation précaire, ils ont frappé aux portes sans ménagement. « Policia ! » Les ONG n'ont pas été surprises. V. Reeves, 29 ans, une personne diplômée en neurosciences qui a fondé le réseau d'aide aux sans-abri Housekeys Action Network Denver, dormait sur place depuis déjà une semaine. Elle a d'abord entendu le bruit des bottes. Les agents portaient des béliers, prêts à enfoncer les portes alors que la loi ne leur en donne pas le droit, sauf à présenter un mandat d'arrestation. « De la pure terreur », dit l'activiste non binaire (qui se fait appeler par le prénom V, en écho au V de la victoire). La veille, V. avait encore fait le tour des résidents pour leur rappeler de ne pas ouvrir leur porte, quoi qu'il arrive. Personne n'a ouvert. « Je suis tellement fier, exulte V.

Pas un résident d'Edge of Lowry n'a ouvert. Personne n'a été arrêté ! »

Dans le reste de l'agglomération, le bilan de l'opération, menée simultanément dans une demi-douzaine de résidences, n'a pas été plus impressionnant. Une quarantaine d'interpellations mais un seul suspect ayant un casier judiciaire, alors que la police avait annoncé cibler une centaine de membres de Tren de Aragua. Tom Homan, le « Tsar de la frontière », comme le surnomme Donald Trump, a blâmé des « fuites » émanant des médias pour expliquer le coup de filet raté.

Raymondo, 27 ans, et Lucila, 24 ans, ont échappé aux rafles. Arrivé du Venezuela début avril 2024, le couple, dont on préfère taire le nom, n'a pas l'air de savoir lui-même quel est son statut. Lucila a de longs cheveux noirs. Raymondo porte une casquette d'un rouge qui pourrait presque passer pour celui des partisans de Trump. Mais il faut le voir farfouiller dans le classeur qui contient leurs papiers pour comprendre à quel point ils sont dépassés. Les deux migrants sont convoqués par la justice de l'immigration cet été pour examiner leur demande d'asile. Mais « on n'ira pas », a déjà décidé Raymondo, dans la crainte d'être repérés et interpellés par l'ICE, qui a désormais le droit de rôder aux abords du tribunal. À l'approche du prochain loyer à payer (850 dollars, soit 812 euros, pour une chambre), Raymondo et Lucila se disent inquiets, même s'ils ne le montrent pas. « C'est le mois le plus dur qu'on ait connu depuis notre arrivée. » D'autres seraient au trente-sixième dessous. Une Américaine a embouti l'arrière de leur voiture à un feu rouge. Ils n'ont plus de plaque d'immatriculation. Mais ils comptent sur la « providence divine » qui les a menés jusque-là, traversant la jungle du Darien, le terrifiant tronçon de forêt vierge entre la Colombie et le Panama, et un nombre incalculable de pays, pendant leur périple de six mois. « *Poco a poco* », répète Raymondo. « Petit à petit ». C'est son mantra, sa ligne d'horizon. Une journée à la fois. Dans l'attente de la neige, qui leur permet de se proposer à l'embauche dans les quartiers aisés pour déblayer les trottoirs. Dans l'attente du soleil, qui va relancer les travaux de construction.

Lucila déniche un papier. Ça n'est pas le formulaire que Raymondo cherchait – celui qui a été établi à leur arrivée par la police des frontières d'El Paso (Texas). Mais encore autre chose, une contravention. Le couple a écopé le 9 janvier d'une citation à comparaître devant un juge municipal pour travail illégal, après s'être posté à un carrefour pour laver des pare-brise. Cette contravention-là, heureusement, n'aura pas grande conséquence. Denver est encore une ville sanctuaire. Personne ne leur a demandé de montrer leurs papiers.

Les contre-pouvoirs à la peine

17
Les démocrates américains en plein désarroi

Piotr Smolar

La victoire d'une nouvelle figure de la gauche, Zohran Mamdani, lors de la primaire démocrate pour l'élection à la mairie de New York, le 24 juin, a ravivé les tensions au sein d'un parti encore sous le choc de sa défaite à la présidentielle de 2024 et qui semble incapable pour l'instant de se rassembler sur une stratégie dans la perspective des élections de mi-mandat, en novembre 2026. Privé de ligne claire et de personnalités pour l'incarner, le parti s'en remet à sa base pour résister à Trump.

Washington, correspondant

On ne sait ce qui est pire : le silence ou la cacophonie. La colère monte au sein de la base démocrate, face à l'incapacité du parti à s'opposer de façon audible et résolue à l'administration Trump. Deux mois après le retour du milliardaire à la Maison Blanche, la certitude d'assister à un moment dramatique de l'histoire américaine, et non à une alternance classique, conduit à un questionnement existentiel. La tentation d'un populisme de gauche, plus cinglant, moins enclin au compromis comme l'aimait Joe Biden, en miroir inversé du mouvement MAGA (*Make America great again*), se dessine nettement.

Selon un sondage *NBC News* paru dimanche, seuls 27 % des Américains ont une opinion positive du Parti démocrate, le niveau le plus bas depuis trente-cinq ans. Une autre étude pour la chaîne CNN montre que seuls 63 % des sympathisants de gauche approuvent son orientation, une chute de neuf points depuis janvier, qui dit bien la frustration générale. Plus personne ne croit à la main tendue à l'autre bord. Pour l'heure, c'est Chuck Schumer, 74 ans, le chef de file des démocrates au Sénat, qui concentre les critiques. Le 14 mars, avec neuf autres démocrates, il a décidé d'approuver un texte républicain pour éviter un *shutdown* – une interruption des activités fédérales non essentielles. Le financement du gouvernement est ainsi assuré jusqu'en septembre. Dans l'ancien monde, son pragmatisme aurait été salué.

Son argument : ce *shutdown* aurait profité à l'administration Trump, dans son projet de réduction et de mise au pas de l'État fédéral. Les élus démocrates, eux, estiment que ce calcul les prive d'une rare occasion de démontrer leur utilité et leur opposition à la marche en avant de Donald Trump, qui a salué le « courage » de Chuck Schumer. Leur frustration trahit leur impuissance, tant la marge de manœuvre paraît faible, face à l'emploi massif de décrets présidentiels. Du Congrès, l'affrontement central s'est déplacé vers les tribunaux, les juges fédéraux tentant de préserver l'État de droit.

L'appareil démocrate l'a compris : la priorité consiste à redonner la parole à la base. Une journée de protestation est prévue le 5 avril dans tout le pays, marquant notamment l'influence croissante d'une organisation appelée Indivisible, dont le cofondateur Ezra Levin est le visage. Une série de réunions publiques a aussi débuté dans neuf circonscriptions où des élus républicains sont en danger électoral. Le sénateur vétéran Bernie Sanders (Vermont), qui dispose d'une popularité incomparable dans le camp progressiste, a déjà commencé une tournée intitulée « Combattre l'oligarchie ». Elle l'a conduit au Nebraska, dans le Wisconsin, dans l'Iowa et le Michigan. La justice sociale et les protections des salariés font recette. L'assistance était fournie, gonflée de colère, attendant plus d'agressivité de la part des démocrates.

Ces derniers se trouvent à un moment d'introspection et d'effroi devant l'entreprise de démolition conduite par Donald Trump. La génération MAGA, qui a redessiné le visage du Parti républicain dans le sillage du milliardaire, n'a pas eu d'équivalent aussi cohérent à gauche, malgré quelques figures progressistes. Alexandria Ocasio-Cortez – qui a qualifié la décision de Chuck Schumer de « trahison » – avait été battue en décembre 2024 par Gerry Connolly, 74 ans, pour le poste démocrate de plus haut rang au sein de la prestigieuse commission de contrôle à la Chambre. Les démocrates ne souffrent pas seulement d'un problème de ligne directrice, de divisions internes, mais aussi d'un trop faible renouvellement.

« Les vieux chiens doivent apprendre de nouveaux tours » ou bien laisser la place, tranchait le stratège Simon Rosenberg dans une lettre, le 14 mars. Selon le créateur du réseau Hopium, les élus au Congrès doivent radicalement revoir leur activité : elle ne se limiterait plus au seul travail législatif, mais deviendrait celle d'un « communiquant-influenceur-leader de l'opposition vingt-quatre heures sur vingt-quatre, sept jours sur sept ».

Reconfiguration intellectuelle

Ancienne analyste de l'Agence centrale de renseignement (CIA), la sénatrice Elissa Slotkin (Michigan), qui a donné la réplique à Donald Trump lors de son discours devant les parlementaires, est une rare révélation de ces derniers mois. Nancy Pelosi, ex-speaker de la Chambre, s'apprête à fêter ses 85 ans. Steny Hoyer (Maryland) les a déjà. Depuis 2021, sept élus démocrates sont morts durant leur mandat, dont Raul Grijalva (Arizona) et Sylvester Turner (Texas) début mars. Au Sénat, les démocrates comptent sept membres (sur 47) de plus de 75 ans. Chuck Schumer doit gérer le départ annoncé, en 2026, de trois sénateurs du New Hampshire, du Minnesota et du Michigan.

Qui, alors, pour porter quelles idées ? Comment renouer le fil avec les classes populaires, avec les hommes blancs non diplômés, avec les dizaines de millions d'Américains qui ont accordé davantage de crédibilité à Donald Trump sur l'économie qu'à Kamala Harris ? Comment sortir dignement de l'impasse sur les questions de genre, qui ont tant coûté aux démocrates dans les urnes ? Certains se lamentent du fait que la gauche manque d'un Joe Rogan, le plus célèbre animateur de podcast. Ils rêvent d'un écosystème en ligne équivalent à celui des conservateurs. D'autres, en revanche, saisissent le besoin de reconfiguration intellectuelle. Dans l'opinion, la gauche est de plus en plus perçue comme le camp des interdits et de l'immobilisme, au détriment de l'émancipation et du patriotisme.

La lumière ne viendra pas des figures historiques du parti, de Bill Clinton à Joe Biden, en passant par Barack Obama. Leur silence ressemble à une stratégie délibérée, dans l'espoir d'une implosion de l'administration Trump. Parler serait nourrir la machine MAGA à controverses. Barack Obama incarne ce profil bas. Le 12 mars, il s'est adressé aux militants de gauche dans un mail empli de formules convenues, sans mention de Trump, finissant par une demande de contribution au Parti démocrate. « Depuis la dernière élection, écrit-il, les principes fondateurs de notre démocratie ont été mis à l'épreuve, et il serait facile de s'abandonner à la peur et au désespoir. » Et sinon ? Pas grand-chose. Le 1er février, sur le réseau X, l'ex-président a félicité Ken Martin, tout juste élu à la tête du Comité national démocrate. Il a aussi salué les Philadelphia Eagles, après leur victoire au Super Bowl, la finale du championnat de football américain. Ou diffusé un selfie avec Michelle, pour la Saint-Valentin.

Joe Biden ? Silence radio. Depuis son départ de la Maison Blanche, on a juste appris qu'il avait signé avec l'agence des stars, CAA, pour le représenter. Kamala Harris ? Le deuil et la réserve s'imposent, après son échec dans les urnes. Elle envisagerait de se présenter au poste de gouverneur de Californie. Son ancien colistier, le gouverneur Tim Walz, a lui repris la parole et sa liberté. Le 8 mars, sur un podcast, il a estimé que Joe Biden aurait dû reconnaître que l'inflation « était réelle ». Tim Walz a rejeté l'idée d'un « leader charismatique », issu de la gauche, qui viendrait la relancer. L'heure est au militantisme du coin de rue, ou devant son ordinateur.

Le gouverneur du Minnesota était aussi sur scène à Des Moines (Iowa), le 14 mars, pour une première réunion publique. Humble, sans argumentaire prémâché, il a reconnu qu'il n'avait pas toutes les réponses devant une assemblée grave et angoissée, s'interrogeant sur la perte possible de protections essentielles. « Les dirigeants démocrates doivent entendre le cri primal qui sort de l'Amérique, et qui dit : "Bon sang, faites quelque chose, ce qui se passe est mal" », a lancé Tim Walz. Une nouvelle fois, ce dernier a fait preuve de lucidité. « Nous avons perdu les électeurs de la classe ouvrière. Les électeurs de la classe ouvrière ne croient pas que nous nous tenons à leurs côtés [...]. Ils ont juste décidé que cela ne valait pas la peine d'aller voter cette année, et qu'on se valait à peu près. Et comment avons-nous perdu le message ? Quand je grandissais, cela était clair à mes yeux : qui serait là pour la sécurité sociale, qui serait là pour Medicare, qui serait là pour l'école publique... Ce n'est plus évident aujourd'hui. »

Les stratèges et les responsables démocrates n'ont pas le temps de reprendre leur souffle. Déjà, il faut penser aux élections de mi-mandat, en novembre 2026, pour arracher la majorité à la Chambre et limiter le pouvoir républicain. En attendant, toutes les élections locales serviront de test pour mesurer l'évolution de l'opinion publique. À commencer par celle prévue le 1er avril dans le Wisconsin, pour un poste de juge à la Cour suprême locale, décisif pour en déterminer la majorité.

Se focaliser sur la salle de classe

Cela n'empêche pas certaines personnalités de penser à leur propre avenir. Dans l'incapacité de se représenter comme gouverneur de Californie en 2026, Gavin Newsom s'essaie au dialogue impossible. Alors que la base a soif de résistance, il a créé un podcast pour échanger avec des personnalités du monde MAGA, contribuant à les notabiliser. Il a pris position contre la participation des athlètes transgenres dans les sports féminins. En revanche, on n'entend guère Gavin Newsom attaquer frontalement Donald Trump, comme il le faisait lors de la campagne électorale. Le gouverneur attend beaucoup de l'aide fédérale pour répondre aux incendies dévastateurs de Los Angeles.

Le 12 mars, le magazine *Politico* donnait des nouvelles d'un revenant : Rahm Emanuel. Ancien chef de l'administration Obama, puis maire de Chicago (2011-2019), il était ensuite devenu ambassadeur au Japon. Il est de retour, notamment comme intervenant régulier sur la chaîne CNN. Invité récemment sur la chaîne

HBO, Rahm Emanuel a rejeté les discussions de « vestiaires » et de « toilettes » (en référence aux questions de genre) en appelant à se focaliser sur la salle de classe. « Nous sommes littéralement une superpuissance, nous sommes confrontés à une Chine avec 1,4 milliard d'habitants et deux tiers de nos enfants ne savent pas lire en 4e. » Le retour aux fondamentaux : tout un programme, en salle de classe comme pour le Parti démocrate.

18
Le pouvoir limité des juges face à Trump
Corine Lesnes

Les juges conservateurs de la Cour suprême des États-Unis ont accordé une victoire politique à Donald Trump, le 27 juin, en estimant devoir limiter la capacité des juges fédéraux à suspendre les décrets du pouvoir exécutif. Compte tenu de la servilité du Congrès, ces juges fédéraux constituaient le principal contrepouvoir auquel le président se heurtait.
Selon le politologue Francis Fukuyama, l'État de droit « ne repose finalement que sur des normes ».

San Francisco, correspondante

Qui réussira à arrêter Donald Trump ? Près d'un mois après l'installation du président républicain à la Maison Blanche, le passage en revue des freins potentiels à ses appétits de pouvoir est vite achevé. Mobilisée en 2017, au lendemain de sa première élection, la société civile est aujourd'hui aux abonnés absents. Quelques manifestations sont bien prévues, le 17 février, jour férié, dit « *President's Day* », devant les capitoles d'une quarantaine d'États. Mais le peuple démocrate est encore sous le choc, spectateur d'un scénario irréel qui le dépasse.

Le Congrès ? Vœu pieux. Les républicains sont alignés, les démocrates en minorité – inaudibles et partagés entre partisans d'une opposition tous azimuts et tenants d'un attentisme stratégique, dans la perspective des élections de mi-mandat, en 2026. Wall Street ? La politique de Donald Trump pourrait être « tellement autodestructrice qu'il serait obligé de faire marche arrière », conjecturait le politologue Francis Fukuyama, le 12 février, devant la Fondation Carnegie.

À ce stade, seule la justice paraît en mesure d'exercer un rôle de contre-pouvoir. Le nombre de plaintes en témoigne. De toutes parts, l'Amérique anti-Trump – ou anti-autoritarisme – en appelle aux juges fédéraux. En trois semaines, le site Just Security, un projet de la faculté de droit de l'université de New York, a déjà recensé 64 poursuites contre l'administration Trump.

Celles-ci émanent des États (22 s'opposent à la remise en cause du droit du sol ainsi qu'au gel des financements fédéraux) ; d'associations, comme l'Electronic Frontier Foundation, qui dénonce les atteintes à la vie privée commises par les boys d'Elon Musk ; de syndicats de fonctionnaires, en lutte contre les licenciements ; d'universités menacées de voir leurs budgets amputés.

Même les Eglises se tournent vers la justice : 27 groupes religieux ont porté plainte, le 11 février, pour protéger les lieux de culte du décret y autorisant les raids de la police de l'immigration. « Trump gouverne par décrets, résume Francis Fukuyama. Et il a donné à Elon Musk le pouvoir de bloquer tout financement qu'il juge illégitime, en violation directe des prérogatives du Congrès. C'est une attaque extrêmement radicale contre le système constitutionnel américain tel que nous le connaissons. »

Injonction ignorée

Au cœur de ces plaintes : l'un des principes fondamentaux du droit constitutionnel américain, celui du judicial review (« processus de contrôle judiciaire »), issu de l'arrêt de la Cour suprême Marbury vs Madison de 1803, la pierre angulaire du système de *checks and balances* (« contrôle et contrepoids ») qui faisait depuis plus de deux cents ans la fierté des Américains. Les magistrats – ils n'étaient que six à l'époque – ont établi dans cette décision le principe selon lequel les tribunaux fédéraux sont les arbitres ultimes de la loi.

Le président de la Cour suprême était alors John Marshall (1755-1835), le cousin de Thomas Jefferson, le troisième président des États-Unis. Marshall a établi le principe selon lequel, si le Congrès adopte les lois et le président les fait appliquer, il appartient « de manière catégorique » au pouvoir judiciaire de déterminer si l'un ou l'autre outrepasse ses pouvoirs.

Voilà pour le principe. Mais que se passe-t-il s'il n'est pas respecté par le pouvoir politique ? Le juge fédéral du Rhode Island, chargé de la plainte des 22 États concernant les financements fédéraux, en fait l'expérience. Par deux fois, il a demandé à l'administration de rétablir les crédits. Son injonction ayant été ignorée, il a rejeté la demande de la Maison Blanche de maintenir le gel des fonds pendant l'appel. Jeudi 13 février, les fonds n'étaient toujours pas débloqués, en violation de l'ordonnance du tribunal.

Diplômé de la faculté de droit Yale, le vice-président, J.D. Vance, a professé ce qui aurait encore fait figure d'hérésie il y a quelques mois. « Les juges n'ont pas le droit de contrôler le pouvoir légitime de l'exécutif. » Elon Musk, lui, a réclamé la « destitution immédiate » du juge qui avait refusé à ses experts en « efficacité gouvernementale » l'accès aux données du département du Trésor. Donald Trump, le maître des contradictions, a assuré, le 11 février, qu'il respecterait les décisions de justice (dont il ferait bien sûr « appel »), mais il est ravi d'étendre le pouvoir exécutif aux dépens du Congrès, l'institution qui occupe l'article Ier de la Constitution.

Les Américains sont habitués à ce que les décisions de justice soient respectées. En 1954, lorsque la Cour suprême a invalidé la ségrégation dans l'éducation publique, sa décision a dû être mise en œuvre avec l'aide de la police fédérale dans les États du Sud, mais ceux-ci ont fini par s'y plier.

En 2000, Al Gore a concédé la présidence à George W. Bush, malgré ses réticences, après une décision de la Cour suprême prise à cinq voix contre quatre. Quelques années plus tard, Bush junior a lui-même dû accepter les freins mis par la Cour suprême à sa « guerre au terrorisme » après les attentats du 11-Septembre 2001.

Exemple qui confine à la caricature : en 2012, Barack Obama s'est vu rappeler à l'ordre par un juge du Texas pour s'être permis de critiquer une décision de la Cour suprême. Le magistrat a réclamé « une lettre d'au moins trois pages avec un interligne simple exposant la position de l'attorney general » sur le principe de contrôle de la constitutionnalité des lois adoptées par le Congrès. Eric Holder, le ministre de la justice, s'est exécuté.

Douloureuse prise de conscience

Aujourd'hui, la société américaine est confrontée à la douloureuse prise de conscience que ce principe d'équilibre des pouvoirs établi en 1787 par des gentlemen poudrés, nés sous la Couronne britannique, et soucieux d'éviter toute tentation monarchique, est à la merci d'un trublion sans foi ni autre loi que la sienne. « Nous sommes amenés à reconnaître que l'État de droit ne repose finalement que sur des normes, explique Francis Fukuyama. Aucun obstacle physique n'empêche le gouvernement d'agir à sa guise. » Les juges, en d'autres termes, ne sont dotés d'aucun moyen pour faire appliquer leurs décisions.

Une remarque apocryphe attribuée à Andrew Jackson (1767-1845), l'un des présidents érigés en modèle par Donald Trump, résume l'impasse. « Le président de la Cour suprême a émis sa décision. Maintenant, voyons comment il va la faire respecter », aurait persiflé, en 1832, le septième président, furieux que John Marshall – encore lui – se soit opposé à ses plans de déplacement des tribus indiennes.

Les juges fédéraux sont nommés à vie, disposition censée garantir une certaine indépendance. À la quasi-unanimité, ils ont rejeté les théories complotistes des partisans de Donald Trump sur le « vol » de l'élection 2020. Mais selon Benjamin Wittes, spécialiste de questions juridiques à la Brookings Institution, la justice n'est pas adaptée au combat institutionnel qui s'annonce : « Elle est lente, alors que la situation exige de la rapidité. Elle aura beaucoup de mal à réparer les dommages causés par Trump. Et rien ne garantit qu'il se pliera à ses décisions, le moment venu. »

C'est néanmoins le seul recours disponible, ajoute-t-il dans un texte publié sur le site Lawfare. « Les tribunaux auront rempli leur mission s'ils parviennent à ralentir l'assaut, à stopper ce qui est manifestement illégal, à contraindre le gouvernement, à justifier le reste et à offrir au corps politique le temps de se réorganiser. »

Francis Fukuyama s'inquiète des répercussions du bras de fer entre l'exécutif et le judiciaire. « Si on sape cet accord normatif sur l'obéissance aux lois, comment pourra-t-on le rétablir ? Trump ne vivra pas éternellement, mais, si les institutions sont affaiblies et transformées, il sera extrêmement difficile de revenir en arrière. »

Nombre de poursuites aboutiront à la Cour suprême. Les experts n'attendent pas de miracles d'une instance qui a reconnu à Donald Trump une immunité présidentielle quasi totale en juillet 2024. La Cour de John Roberts, le dix-septième chief justice depuis 1789, voudra éviter de s'opposer au président, analysent-ils. Si celui-ci décide de passer outre ses décisions, toute confrontation serait une défaite trop lourde pour la pérennité des institutions.

Les 100 jours de Trump. Récit

18
La démocratie américaine au risque d'une présidence impériale

Gilles Paris

Dans sa volonté de contrôle absolu, Donald Trump s'efforce d'annihiler tous les contre-pouvoirs, remettant en cause l'équilibre institutionnel des États-Unis.

L'impopularité grandissante qui marque les cent jours du second mandat de Donald Trump ne vaut pas seulement sur les sujets qui avaient été les moteurs de sa victoire, l'immigration et l'économie. Elle est alimentée également par le rejet d'une pratique agressive du pouvoir, adoptée depuis le 20 janvier. Le jugement des personnes interrogées par le *Washington Post* est à ce titre sans appel. Pour 64 % d'entre elles, selon un sondage publié dimanche 27 avril, le républicain « va trop loin » dans sa volonté « d'étendre le pouvoir de la présidence ».

Depuis le début de son second mandat, une tentative de redéfinition de l'équilibre des pouvoirs aux États-Unis est engagée. Avec détermination et méthode, contrairement à l'impression de confusion que peut créer la bataille qui oppose la Maison Blanche à des juges fédéraux de première instance. Ces derniers sont convaincus que Donald Trump outrepasse ses pouvoirs en multipliant les décrets présidentiels, dont certains défient ouvertement la Constitution, notamment celui remettant en cause le droit du sol. Cette entreprise contestée correspond à la vision qu'a le républicain des institutions, concentrée dans la définition lapidaire qu'il a souvent donnée de sa fonction. « J'ai un article 2 qui me donne le droit de faire ce que je veux comme président », avait-il ainsi déclaré, en 2019, à propos de l'article de la Constitution relatif au pouvoir exécutif. Dans un entretien au magazine *Time* publié vendredi 25 avril, Donald Trump a campé sur cette ligne. « Je n'ai pas l'impression de l'élargir. Je pense que je l'utilise comme il est censé l'être », a-t-il assuré.

Une partie du camp conservateur considère que le renforcement des pouvoirs du président est inéluctable et qu'il sera ainsi légitimé par des arrêts de la Cour suprême, la plus haute instance judiciaire du pays, lorsqu'elle arbitrera ces différends. Une majorité de six juges conservateurs sur neuf y est en place depuis

2020. L'ampleur de ce renforcement reste en revanche sujette à interrogation. Et, avec elle, le degré de césarisme qui pourrait être introduit dans les institutions américaines.

La Cour suprême attendue

Le conflit trouve autant sa source dans la lecture des institutions léguées par les Pères fondateurs que dans l'application qui en a été faite à des moments critiques de l'histoire des États-Unis. La droite conservatrice, notamment son principal relais d'influence pour les affaires juridiques, la Federalist Society, fondée en 1982, a toujours revendiqué une approche « originaliste » de la Constitution, autrement dit son application littérale, y compris pour répondre à des questions sociétales inenvisageables à l'époque de sa rédaction.

Rédigé par l'Heritage Foundation, le laboratoire d'idées conservateur le plus influent de Washington, le Projet 2025, matrice programmatique du second mandat de Donald Trump, s'abrite derrière l'un des Pères fondateurs, James Madison (1751-1836), pour dénoncer le risque de « tyrannie » représenté par une concentration excessive du pouvoir. La cible, selon l'un de ses rédacteurs, Russell Vought, qui occupe aujourd'hui un poste stratégique à la Maison Blanche, est la bureaucratie fédérale, qui doit être « pliée » à « la volonté présidentielle ».

Les adversaires de cette entreprise font valoir le contexte de la rédaction de la Constitution pour en tirer des conclusions radicalement opposées. Ces Pères fondateurs, Madison inclus, assurent-ils, ont voulu mettre en place une architecture institutionnelle rompant avec l'absolutisme de la monarchie britannique. Un édifice inspiré des écrits de Locke et de Montesquieu selon lequel, « pour qu'on ne puisse abuser du pouvoir, il faut que, par la disposition des choses, le pouvoir arrête le pouvoir ».

On retrouve cet objectif de séparation des pouvoirs, de *checks and balances* (« freins et contrepoids ») dans l'un des premiers arrêts de la Cour suprême, Marbury vs. Madison, qui fonde en 1803 le principe de contrôle de constitutionnalité des lois votées par le pouvoir législatif et des décisions du pouvoir exécutif chargé de veiller à leur application. Un autre Père fondateur, Alexander Hamilton (1755-1804), s'était démené pour convaincre les réticents que les pouvoirs d'un président des États-Unis ne pourraient jamais être comparés à ceux du roi d'Angleterre.

Les cahots politiques qui ont jalonné l'histoire des États-Unis ont également alimenté des interprétations diamétralement opposées des mêmes institutions. Les excès de la présidence du républicain Richard Nixon (1969-1974), et notamment l'affaire d'espionnage du Parti démocrate par le président (le « Watergate »), avaient mis en évidence le risque consistant à confier exclusivement au pouvoir exécutif la supervision de ses fonctionnaires.

Ce scandale a motivé l'adoption par le Congrès, en 1978, avec une majorité des voix républicaines dans les deux chambres, d'une loi bipartisane relative à l'éthique au sein du gouvernement. Elle a permis la nomination d'un conseiller indépendant, capable d'enquêter sur les délits commis par ces fonctionnaires tout en étant protégé de l'influence de la présidence. La création d'inspecteurs généraux indépendants, par une autre loi votée la même année par des élus des deux partis, a procédé du même esprit. Cette supervision du pouvoir exécutif est désormais remise en cause, et la tentative de redéfinition des institutions constitue un nouvel épisode de cette querelle sur l'étendue du pouvoir exécutif. Le second mandat de Donald Trump coïncide en effet avec la convergence de forces favorables à une nouvelle répartition des pouvoirs.

Certains n'ont pas attendu son retour à la Maison Blanche pour s'y employer. Depuis des décennies, la droite conservatrice défend une « théorie unitaire » du pouvoir exécutif, qui vise à revenir sur la création de ces nouveaux « freins et contrepoids ». Ceux-ci sont caricaturés comme l'expression du pouvoir bureaucratique, présenté comme un responsable ne devant répondre devant personne. L'administration de Ronald Reagan (1981-1989) l'avait déjà identifié sans tenter pour autant de s'y attaquer : il s'agit de cet « État profond » qu'abhorre Donald Trump. Le Projet 2025 dénonce à longueur de chapitres une « bureaucratie » devenue « autonome », alors qu'elle n'est pas protégée par « un statut constitutionnel indépendant » ni par « une légitimité morale distincte ».

A côté de ce puissant courant conservateur, un écosystème d'entrepreneurs des nouvelles technologies a remis en cause encore plus profondément, depuis près de vingt ans, les piliers institutionnels de la démocratie américaine, sans doute sous l'effet des ébranlements provoqués par l'impasse de la « guerre contre le terrorisme » et la crise financière de 2008.

Cette démocratie est condamnée à l'impuissance, selon le constat glacial dressé par un idéologue iconoclaste et néoréactionnaire, Curtis Yarvin, dans un manifeste publié en 2007 sous le pseudonyme de Mencius Moldbug. Plus de deux siècles après les intenses réflexions des Pères fondateurs, ce dernier, lu aussi bien par Peter Thiel, l'investisseur précurseur du basculement d'une partie de la tech américaine dans le camp Trump, que par le vice-président, J. D. Vance, défend l'idée selon laquelle l'ordre politique naturel est d'essence monarchique. Ce courant entend renverser la table alors que le premier veut la réaménager, mais ils s'accordent l'un comme l'autre sur un point : la nécessité de renforcer considérablement la présidence.

Le premier jalon de cette entreprise a été posé en 1988. Alors qu'il ne siège à la Cour suprême que depuis deux ans, un juge qui deviendra l'une des figures les plus importantes du conservatisme juridique, Antonin Scalia, frappe les esprits dans un avis dissident exprimé cette année-là. « Il ne nous appartient pas de déterminer, et nous n'avons jamais eu la prétention de le faire, quelle part des pouvoirs purement exécutifs du gouvernement doit être entièrement contrôlée par le président. La Constitution prescrit qu'ils le sont tous », écrit-il, seul contre les huit autres juges, conservateurs comme progressistes. La totalité de ces pouvoirs, assure-t-il, est indispensable pour remplir la mission confiée par la Constitution : « Veiller à ce que les lois soient fidèlement exécutées. » Le dossier choisi pour fixer ce cap ne doit rien au hasard : la constitutionnalité de la loi permettant la nomination de conseillers indépendants.

Gouverner par décrets

Il s'agit du premier axe d'accroissement du pouvoir exécutif, qui apparaît au grand jour dans les décrets présidentiels signés à la chaîne par Donald Trump. Le président a ainsi limogé une vingtaine d'inspecteurs généraux, sans respecter les procédures prévues, quatre jours seulement après son retour à la Maison Blanche. Il s'est également attaqué au fonctionnement d'agences fédérales sur lesquelles il n'a, pour l'instant, qu'un contrôle relatif. Il entend en effet procéder à des limogeages et à des nominations sans avoir de compte à rendre à personne, bien au-delà du spoils system, qui permet à toute nouvelle administration de placer environ quatre mille fidèles aux postes-clés de l'État fédéral.

Accorder des pouvoirs étendus au président pour ce qui concerne des agences indépendantes se heurte à un arrêt de la Cour suprême – Humphrey's executor vs United States –, rendu à l'unanimité des neuf juges, en 1935. Il faisait suite au limogeage, pour raisons politiques, du directeur de la Commission fédérale du commerce par le président Franklin D. Roosevelt. Ce dernier lui reprochait son hostilité au *New Deal*, alors que seuls « l'inefficacité, le manquement au devoir ou la malversation dans l'exercice de la fonction » pouvaient être invoqués pour mettre fin à ses fonctions. La Cour suprême avait tranché en défaveur du président, créant un précédent sur lequel les tenants de la « théorie unitaire » veulent aujourd'hui revenir.

L'actuelle Cour suprême a montré qu'elle ne se sentait pas liée par les jurisprudences passées. La remise en cause du droit fédéral à l'avortement (Roe vs. Wade) institué en 1973, par l'arrêt Dobbs vs Jackson Women's Health Organization, l'a prouvé en 2022. Dans un premier arrêt rendu en 2010, la majorité conservatrice avait déjà fait valoir que « le président ne p[ouvai]t pas "veiller à ce que les lois soient fidèlement exécutées" s'il ne peut pas contrôler la fidélité des fonctionnaires qui les exécutent ». En 2020, saisie à propos d'un contentieux concernant le Bureau de protection des consommateurs en matière financière, créé après la crise de 2008 (Seila Law LLC vs Consumer Financial Protection Bureau), la Cour suprême a franchi un pas supplémentaire en estimant que le président disposait d'une autorité sans limites en matière de nominations et de révocations s'agissant d'agences dirigées par un seul responsable. « Le pouvoir de révocation du président est la règle et non l'exception », a alors écrit le président de la Cour suprême, John Roberts.

En supprimant des agences ou en limogeant des responsables démocrates qui y siègent au seul motif que leur présence n'est pas « compatible avec les priorités » de sa présidence, Donald Trump a ouvert la voie à des contentieux qui devraient être *in fine* soumis à l'arbitrage de la plus haute instance judiciaire du pays. Cette querelle pourrait prendre un tour spectaculaire si le locataire de la Maison Blanche, qui ne cache pas son exaspération face à l'indépendance de la Réserve fédérale, décidait de précipiter le départ de son président, Jerome Powell, nommé par ses soins en 2018, maintenu dans ses fonctions par le démocrate Joe Biden, et dont le mandat court jusqu'en 2026.

Des fonds fédéraux bloqués

Un calcul identique concerne le second axe d'élargissement du pouvoir présidentiel. Il s'agit du « pouvoir de la bourse », c'est-à-dire celui de voter des fonds fédéraux, qui est constitutionnellement la prérogative du pouvoir législatif. Dans son entreprise de réduction drastique de l'État fédéral, le républicain ne se contente pas de plans de licenciements massifs de fonctionnaires. Il les renforce par des coupes spectaculaires dans ces budgets votés par le Congrès.

Cette pratique dite de l'impoundment, ou de confiscation des fonds votés par le Congrès, renvoie également à la présidence de Richard Nixon. Alors que de nombreux présidents avaient pu justifier par le passé le gel généralement limité de ces fonds, le républicain avait bloqué des dizaines de milliards de dollars, au nom de la lutte contre le déficit budgétaire, pour supprimer les programmes qu'il n'aimait pas. Son administration avait même revendiqué un droit constitutionnel de le faire, précipitant une crise avec le pouvoir législatif réglé par le vote par ce dernier, en 1974, d'une loi encadrant et limitant strictement cette pratique.

Le retour de Donald Trump à la Maison Blanche a été accompagné par celui de l'impoundment. Dès le 27 janvier, le service de Russell Vaught a ainsi ordonné une pause dans le versement des subventions et des prêts fédéraux. L'exemple le plus spectaculaire a été le sort réservé à l'agence fédérale chargée de l'aide internationale, Usaid, dont les 40 milliards de dollars (35 milliards d'euros) de budget ont été immédiatement bloqués. Créée par décret présidentiel en 1961, elle était devenue, en 1998, une agence indépendante à la suite d'un vote des deux chambres. Des majorités bipartisanes, à la Chambre des représentants comme au Sénat, avaient approuvé ce nouveau statut.

Comme l'indique le professeur de droit Steve Vladeck, qui enseigne à l'université de Georgetown, à Washington, l'appétit de pouvoir manifesté par Donald Trump ravive l'avertissement d'un juge de la Cour suprême, David Davis, exprimé en 1866. « Cette nation, avait-il indiqué, n'a pas le droit d'espérer qu'elle aura toujours des dirigeants sages et humains, sincèrement attachés aux principes de la Constitution. Des hommes méchants, avides de pouvoir, haïssant la liberté et méprisant la loi peuvent se retrouver à la place jadis occupée par Washington et Lincoln. »

La menace d'un pouvoir exécutif sous stéroïdes est d'autant plus réelle que le pouvoir législatif, victime de la polarisation extrême qui a saisi la politique américaine depuis des décennies, s'est réduit de lui-même à la portion congrue. En se montrant totalement soumis à Donald Trump, le Parti républicain, pourtant majoritaire à la Chambre des représentants et au Sénat, a accepté de ne plus jouer son rôle en tolérant que le président gouverne par décrets. Les républicains étaient pourtant prompts à tonner contre le « roi Obama » lorsque celui-ci affirmait, en 2014, pouvoir gouverner simplement avec « un stylo » (pour signer des décrets) et « un téléphone » (pour rassembler des majorités de projets au-delà du Congrès), après la perte de la Chambre des représentants, en 2010.

« Un roi au-dessus des lois »

Le principe de Montesquieu selon lequel « le pouvoir arrête le pouvoir » ne peut donc être défendu que par le pouvoir judiciaire, et en dernier ressort par la Cour suprême. Or, Alexander Hamilton notait, en 1788, que le pouvoir judiciaire, dépourvu de « l'épée » de l'exécutif comme de « la bourse » du législatif, était le plus faible des trois. « On peut vraiment dire qu'il n'a ni force ni volonté, mais seulement un jugement, et qu'il doit en fin de compte dépendre de l'aide du pouvoir exécutif, même pour l'efficacité de ses jugements », écrivait-il.

Deux éléments alimentent le doute. Depuis le début de ce mandat, l'administration Trump a ébranlé par son comportement la « présomption de régularité », comme l'a noté Alan Rozenshtein, membre de l'école de droit de l'université du Minnesota, le 10 avril, sur le site Lawfare. Il s'agit de « l'hypothèse de base des tribunaux selon laquelle les fonctionnaires agissent légalement et de bonne foi ». Plus fondamentalement, la majorité conservatrice de la Cour suprême semble acquise à la « théorie unitaire », qui renforce le pouvoir du président. Depuis 2024, ce dernier peut compter en outre, grâce à cette même majorité, sur une large immunité pour les actions prises pendant son mandat.

À droite, le politiste Yuval Levin, membre de l'American Enterprise Institute, cercle de réflexion conservateur, estime que la redéfinition des institutions américaines doit suivre une règle élémentaire qui veut que « le président commande le pouvoir exécutif, mais que le pouvoir exécutif ne commande pas notre gouvernement ». C'est à ce titre qu'il juge inévitable un changement de jurisprudence à propos des agences indépendantes, au nom de la responsabilité devant un supérieur, le président, qui doit, lui, rendre des comptes aux électeurs. Il doute cependant que Donald Trump puisse obtenir gain de cause dans ses velléités d'empiètement sur le « pouvoir de la bourse » du Congrès. Au centre gauche, William Galston, politiste à la Brookings Institution, fait le même pronostic d'un accroissement du pouvoir présidentiel envers les agences, et du maintien des barrières de la loi contre l'impoundment.

Le politiste John Fortier, également à l'American Entreprise Institute, fait la même analyse d'une majorité conservatrice à la Cour suprême favorable à la « théorie unitaire » du pouvoir exécutif. « Mais je n'en déduis pas que nous nous dirigeons vers la fin de la séparation des pouvoirs », assure-t-il. Il explique que le président de la plus haute instance judiciaire des États-Unis, John Roberts, soucieux de préserver l'image d'une institution déjà abîmée dans l'opinion par son revirement sur le droit à l'avortement et par des entorses à l'éthique de certains juges, veillera à brider les ambitions de Donald Trump.

L'équilibre institutionnel des États-Unis dépend donc des avis de deux juges conservateurs, le chiffre nécessaire pour parvenir à une majorité avec les trois juges progressistes hostiles à un déséquilibre des pouvoirs au bénéfice du président. Après l'octroi par la Cour de cette large immunité présidentielle, la juge Sonia Sotomayor, nommée par le démocrate Barack Obama, avait déjà déploré que « la relation entre le président et le peuple qu'il sert a changé de manière irrévocable. Dans tous ses actes officiels, le président est désormais un roi au-dessus des lois ».

Selon le Projet 2025, le renforcement du pouvoir exécutif ne serait paradoxalement qu'une étape sur un chemin qui vise à « éloigner le pouvoir de Washington et à le rendre aux familles américaines, aux communautés religieuses, aux gouvernements locaux et à la société civile », conformément à un idéal libertarien. Ce courant conservateur dont s'est revendiquée par le passé la Federalist Society se défie d'une concentration du pouvoir dans les mains du président, même si c'est pour prévenir le péril d'agences devenues selon lui incontrôlables.

L'hostilité du sénateur Rand Paul, qui s'en réclame, au choc des taxes douanières imposées par le président républicain, payées dans les faits par le consommateur américain, le 2 avril, part de cette hantise. « Qu'un homme seul décide d'imposer des taxes est contraire à ce sur quoi notre pays a été fondé, la Constitution l'interdit », a-t-il tonné dans l'hémicycle du Sénat, en protestant contre l'argument de « l'urgence », avancé pour justifier cette décision historique.

On peut s'interroger en effet sur la capacité de Donald Trump, fort de la conviction erronée que la Constitution lui « donne le droit de faire ce qu'[il] veut » et de sa fascination pour les hommes forts des régimes autoritaires, à utiliser avec modération des pouvoirs supplémentaires qu'il pourrait obtenir au terme de la guérilla juridique en cours. Son obstination à évoquer un troisième mandat strictement interdit par la Constitution ne peut qu'alimenter ce doute.

L'influenceur néoréactionnaire Curtis Yarvin ne manque pas une occasion de s'abriter derrière le discours prononcé par une icône démocrate, le président Franklin Delano Roosevelt, lors de sa première investiture, en 1933, en pleine Grande Dépression, pour justifier sa théorie de la supériorité de la monarchie sur la démocratie. « Notre Constitution est si simple, si pratique, qu'il est toujours possible de répondre à des besoins extraordinaires en modifiant son ordre d'importance et son agencement sans en perdre la substance essentielle », avait déclaré le père du New Deal avant d'évoquer l'hypothèse selon laquelle l'immobilisme du Congrès le forcerait à lui demander « la vaste puissance exécutive de mener la guerre contre l'urgence, aussi grande que la puissance qui me serait donnée si nous étions réellement envahis par un ennemi étranger ».

Neuf décennies plus tard et dans un contexte pourtant autrement moins dramatique, Donald Trump entend exercer un pouvoir débarrassé d'entraves jugées jusqu'à présent nécessaires. Une présidence impériale illustrée par les dorures dont il a surchargé le bureau Ovale à son retour à la Maison Blanche.

L'économie,
l'atout devenu tendon d'Achille

19
« Donald Trump poursuit des objectifs contradictoires »

Jason Furman

La guerre commerciale tous azimuts lancée par Donald Trump le 2 avril a connu bien des vicissitudes, de reports en renoncements. En plongeant les États-Unis dans l'incertitude, elle a brouillé l'image de Donald Trump qui bénéficiait jusqu'alors d'une image favorable dans le domaine de l'économie.

New York, correspondant. Entretien

Donald Trump est à la Maison Blanche depuis quatre mois. Le pire en matière économique est-il passé ?

Jason Furman. – La seule chose dont on peut être sûr, avec Donald Trump, c'est que les choses vont changer, et que ce n'est jamais fini. Il y aura probablement un répit pour les deux prochains mois. Mais, dans deux ans, lorsque les États-Unis connaîtront toujours un déficit commercial avec l'Europe, instaurera-t-il de nouveaux droits de douane considérables ? Je n'en ai aucune idée.

Avez-vous le sentiment qu'un camp l'emporte au sein de l'administration, entre le secrétaire au Trésor, Scott Bessent, qui tente de trouver des compromis, le conseiller protectionniste Peter Navarro et le président lui-même ?

Jason Furman. – Donald Trump poursuit des objectifs économiques contradictoires, au gré de la popularité montante ou descendante d'un conseiller. Il veut à la fois contrôler la Fed (Réserve fédérale des États-Unis) et que le marché boursier monte. Il veut utiliser les droits de douane comme outil de négociation et comme source permanente d'augmentation des recettes… Cela génère beaucoup d'instabilité.

A-t-il un projet de long terme ?

Jason Furman. – Je ne pense pas. Il a la conviction que les autres pays profitent des États-Unis, ce qui se traduit par un important déficit commercial, et que les droits de douane sont une solution à ce problème. Mais cela ne suffit pas à faire un plan.

Jusqu'à présent, chômage et inflation restent très bas, mais d'autres indicateurs, comme la confiance des consommateurs, sont mauvais. Comment expliquez-vous cet écart ?

Jason Furman. – Les données sur le chômage et l'inflation illustrent la situation passée, les autres donnent un aperçu de ce qu'il va arriver, parfois avec exagération. Certains indicateurs avancés sont une réaction aux niveaux d'incertitude extrêmes que nous avons connus récemment. Toutefois, cette incertitude s'est dissipée, et les droits de douane ne vont pas beaucoup modifier le comportement de la plupart des entreprises.

À combien estimez-vous le risque de récession ?

Jason Furman. – Environ un tiers. En temps normal, le risque est plutôt de 15 %. Il est donc plus élevé, mais le commerce représente 10 % seulement de l'économie américaine : même de très mauvaises politiques commerciales peuvent difficilement provoquer une récession. Je m'attends à ce que cela se traduise par davantage d'inflation que par davantage de chômage.

Jerome Powell restera-t-il à la tête de la Fed jusqu'à la fin de son mandat, en mai 2026 ?

Jason Furman. – Donald Trump est convaincu qu'il devrait être limogé, mais je ne pense pas qu'il soit réellement en mesure de le faire – et il a intérêt à viser quelqu'un d'autre pour les problèmes économiques. Remplacer Jerome Powell coûterait extrêmement cher, et cela n'entraînerait pas forcément de changement majeur de politique.

Donald Trump pourrait-il provoquer une crise de la dette, avec le déficit élevé ?

Jason Furman. – Le déficit budgétaire est trop important et insoutenable, mais le moment où le problème se manifestera est totalement incertain. Les États-Unis ont acquis une énorme crédibilité au fil des décennies grâce à des marchés financiers très liquides et transparents. Donald Trump l'a peu entamée. Le scénario de base est qu'au cours de la prochaine décennie les taux d'intérêt augmentent sans cesse à cause d'une politique budgétaire intenable. Mais pas que l'on se réveille un jour [avec une crise] soudaine.

Il n'y aura donc pas de crise majeure et brutale, comme en Grèce, dans les années 2010 ?

Jason Furman. – De telles crises sont engendrées par une combinaison de politiques économiques et de graves problèmes institutionnels. Il y a des raisons de s'inquiéter pour les institutions américaines – je suis donc plus nerveux.

Donald Trump et son ancien conseiller Steve Bannon semblent soudain vouloir augmenter la taxation des plus riches. Y a-t-il un changement de cap dans leur populisme, et est-ce une solution au problème budgétaire américain ?

Jason Furman. – Donald Trump sait ce qui plaît au public, et il est prêt à rompre avec l'orthodoxie républicaine pour le séduire. Il l'a fait sur le commerce et l'immigration, et il l'a fait en retirant les coupes envisagées dans la Sécurité sociale [la retraite par répartition] et Medicare [la santé des plus de 65 ans].

Le seul point sur lequel il continue de flirter, sans jamais le concrétiser, est l'augmentation des impôts des riches. C'est une mesure qui, même auprès des électeurs républicains, est populaire. S'il ne rencontrait aucune opposition au sein du Parti républicain, il relèverait la fiscalité des plus aisés. Mais il y a une énorme résistance. Cela changera peut-être un jour, mais, jusqu'à présent, la classe des donateurs, des idéologues et des équipes de la Maison Blanche croit trop, à l'inverse, aux réductions d'impôt pour les riches.

Il a été question d'un accord de Mar-a-Lago, comme ceux du Plaza, qui avaient fait baisser le dollar en 1985. Que veut faire l'administration avec le dollar ?

Jason Furman. – Elle souhaite à la fois un dollar plus fort pour les consommateurs qui achètent des produits importés et un dollar plus faible pour les entreprises qui exportent, ce qui est impossible. Ainsi, le discours oscille entre les deux. Ce qui compte, ce n'est pas ce que l'administration veut, mais ce qu'elle fait. Les droits de douane et les déficits budgétaires sont favorables à un dollar fort.

La situation est aujourd'hui très différente de celle des années 1980, lorsque les États-Unis ont conclu les accords du Plaza. À l'époque, il s'agissait d'un accord avec des alliés, comme l'Allemagne et le Japon. Aujourd'hui, les principaux problèmes de change concernent des pays concurrents comme la Chine.

Où se situe le point d'équilibre dans l'accord commercial avec Pékin ? Il reste encore beaucoup de dossiers sur lesquels trouver un accord.

Jason Furman. – Les États-Unis ont réduit leurs droits de douane de 115 points de pourcentage en échange de très peu de concessions. On ne sait jamais avec Donald Trump : négocie-t-il avec acharnement, ou est-il prêt à crier victoire sur la plus piètre excuse ?

J'espère que la Chine fera quelque chose concernant le fentanyl [une drogue de synthèse très puissante qui fait des ravages aux

États-Unis et dont des composés sont produits en Chine]. Cela pourrait être une victoire significative. Mais, sur les questions économiques plus larges, je ne pense pas que les États-Unis aient l'effet de levier nécessaire pour atteindre ce que Donald Trump rêve d'accomplir [rééquilibrer la balance commerciale des États-Unis].

Quel est le bilan d'Elon Musk dans ses coupes fédérales ?

Jason Furman. – Cela a été horrible pour des postes comme ceux de l'aide internationale, mais l'ampleur globale des dépenses n'a pratiquement pas changé. Si l'on prend en compte des facteurs comme la baisse des recettes fiscales, faute de pouvoir lutter efficacement contre la fraude [les effectifs du fisc ont été sabrés], cela va probablement aggraver le déficit, et non le réduire. Ils [les membres de l'équipe de Musk, le DOGE, le département de l'efficacité gouvernementale] ont commencé par des déclarations grandioses, et aucun d'entre eux ne savait comment fonctionnait le gouvernement et n'avait la moindre patience. Même si cela continue, le pouvoir est en réalité revenu aux secrétaires d'État. À l'aune de leurs propres ambitions, c'est un échec total, et cela a causé de réels dommages collatéraux.

Peut-on encore faire confiance à la justice et au système américains ?

Jason Furman. – On se rapproche de « l'État, c'est moi » [en français], mais je ne pense pas qu'il y ait lieu de s'inquiéter. Les États-Unis ont un système de contre-pouvoirs, notamment judiciaire, très solide. Ce système ne peut pas fonctionner instantanément, il est contesté sur des centaines de fronts simultanément, Trump va le pousser jusqu'au point de rupture. La situation est difficile. Mais, finalement, même si je ne peux pas le garantir à 100 %, je parie que la Cour suprême fera preuve d'intégrité, gagnera toute bataille qu'elle aura avec l'administration Trump, qu'il y aura une riposte et une victoire [de l'État de droit].

Propos recueillis
par Arnaud Leparmentier

Jason Furman, 55 ans, est professeur d'économie à la Harvard Kennedy School et collabore avec le Peterson Institute for International Economics, un centre de réflexion transatlantique de Washington. Ancien président du conseil économique de Barack Obama, de 2013 à 2017, il décrypte les premiers mois de Donald Trump.

20
Aux racines du protectionnisme de Trump

Arnaud Leparmentier

Derrière sa confusion, la doctrine commerciale du président américain puise dans une longue tradition.

New York, correspondant

Lors de la campagne pour l'élection présidentielle américaine de 2016, le site The Atlantic avait mis en garde ceux qui, tels les grands médias américains, prenaient Donald Trump au « pied de la lettre » mais « pas au sérieux », alors que, comme ses électeurs, il fallait faire l'inverse. Il valait mieux ne pas s'attacher aux détails ubuesques mais déceler un projet. Mur le long du Rio Grande prétendument payé par le Mexique, guerre commerciale généralisée : tout cela avait certes des airs de catch. Mais ces revendications traduisaient une inflexion profonde de la politique américaine, voulue par les électeurs. L'heure était au repli sur soi, censé rendre sa grandeur à l'Amérique après des guerres perdues en Irak et en Afghanistan, la crise économico-financière de 2008 et l'émergence de la Chine.

Las, 2024 n'est pas 2016. Trump 2 n'est pas Trump 1 : il faut non seulement prendre Trump au « sérieux », mais aussi « littéralement ». Le président américain n'a pas changé de programme, mais il tente cette fois-ci de le mettre en œuvre brutalement. Passant du catch à la boxe, Trump détruit l'ordre mondial hérité de la fin de la guerre froide, et sa détermination a ébranlé la planète.

Certes, Donald Trump a été pris à son piège, forcé de rétropédaler sur les droits de douane en raison de la défiance des marchés financiers et de la résistance de la Chine. Certes, les incohérences de l'ancien magnat immobilier sont notables, telle l'impossibilité matérielle qu'il y a à substituer le très lourd impôt sur le revenu. Certes, il vit dans le monde idyllique des années 1950, celles d'usines géantes et intégrées alors que la mondialisation a éparpillé sur la planète les chaînes de production.

« Nouvel âge d'or »

Mais ne voir que cette litanie de contradictions, c'est négliger le fait que M. Trump s'inscrit dans une tradition américaine éclipsée depuis 1945 mais profonde. Le chef de l'État, dans la foulée de son élection de 2024, a vanté un « nouvel âge d'or », référence au « Gilded Age », l'âge doré de la fin du XIXe siècle, fait de fortunes colossales dans les chemins de fer (Vanderbilt), le pétrole (Rockefeller), l'acier (Carnegie) et la banque (J. P. Morgan), au milieu d'une atmosphère de corruption généralisée, de luttes ouvrières et de repli sur soi. C'est l'ère des « tariffs » McKinley, sénateur devenu président, qui voulait protéger l'industrie et les farmers américains de la concurrence internationale. John McKinley est la nouvelle mascotte de Donald Trump.

Cette période est aussi l'époque de l'impérialisme américain, qui met réellement en œuvre la doctrine du président Monroe (1823), celle d'une hégémonie sur l'hémisphère occidental, méfiante envers les Européens, boutant l'Espagne hors de ses colonies. Donald Trump veut vivre comme à la fin du XIXe siècle, en autarcie, en protégeant sa zone d'influence. Son ambition pourrait se résumer en deux slogans, l'un économique (« *Make America great again* », « Rendez à l'Amérique sa grandeur »), le second sécuritaire et néo-impérialiste (« *Make America safe again* », « Rendre l'Amérique à nouveau sûre »).

Ce dernier point a surpris, car il n'avait pas été annoncé pendant la campagne électorale : c'est la revendication sur le Groenland pour maîtriser, avec l'Alaska acquis en 1867, les routes de l'Arctique ; c'est la reprise en main des ports du Panama jusqu'ici gérés par des Chinois de Hongkong pour sécuriser le trafic maritime entre les côtes Atlantique et Pacifique de l'Amérique ; c'est la mise sous tutelle du Canada pour contrôler les ressources naturelles.

Si la méthode est contestée, l'objectif stratégique est discrètement consensuel aux États-Unis. La fureur de Pékin contre la cession des ports panaméens confirme l'intérêt stratégique de la manœuvre. Après les années multilatérales de l'après-seconde guerre mondiale, voici le retour des puissances, sans que l'on puisse savoir si elles tendront vers l'équilibre des nations, comme ce fut le cas pour l'Europe du congrès de Vienne après les guerres napoléoniennes, ou si elles glisseront inéluctablement vers la guerre, à l'image des empires d'avant 1914-1918.

Cette vision d'une Amérique semi-autarcique s'appuie sur la puissance d'un pays continent : depuis la révolution du gaz de schiste il y a quinze ans, les États-Unis, affranchis du pétrole du Moyen-Orient, disposent d'une énergie quasi inépuisable et bon marché et conservent un leadership technologique majeur. Certes, ils sous-traitent beaucoup d'achats aux pays à faible coût de main-d'œuvre, mais cette production peut être confiée à des pays alliés comme le Mexique et le Vietnam, qui tente de négocier un accord spécifique avec Trump.

Cette vision avait été théorisée par Jake Sullivan, conseiller à la sécurité de Joe Biden, dans un discours fondateur du 27 avril 2023. « Ces dernières décennies ont révélé des failles dans ces fondations. Une économie mondiale en mutation a laissé de nombreux travailleurs américains et leurs communautés à la traîne. Une crise financière a ébranlé la classe moyenne. Une pandémie a révélé la fragilité de nos chaînes d'approvisionnement. Le changement climatique a menacé des vies et des moyens de subsistance. L'invasion de l'Ukraine par la Russie a mis en évidence les risques d'une dépendance excessive. Cet instant exige donc que nous forgions un nouveau consensus », affirmait M. Sullivan.

En la matière, le président américain a la satisfaction d'avoir été précurseur. La séance de la roseraie de la Maison Blanche, le 2 avril, où il a annoncé sa guerre commerciale couronne une séquence ouverte le 2 septembre 1987, lorsque le jeune promoteur immobilier new-yorkais s'était offert une page de publicité dans le *New York Times*, accusant notamment le Japon de ruiner l'industrie américaine. Tout y était : ce pays était accusé de « profiter des États-Unis », de ne pas payer pour sa défense, d'avoir « maintenu un yen faible face à un dollar fort ». « Il est temps de mettre fin à nos déficits gigantesques en faisant payer le Japon et ceux qui peuvent se le permettre. »

Effet « Liz Truss »

La différence se joue dans la mise en œuvre. Joe Biden a manié la carotte, à coups de subventions, notamment pour inciter à investir sur le sol américain les fabricants de microprocesseurs, comme le leader du secteur, le taïwanais TSMC. Trump poursuit la manœuvre, mais bâton en main, menaçant de sanctionner ceux qui n'investissent pas sur son territoire. Le président est persuadé que le trumpisme paie, faisant défiler dans son bureau Ovale patrons et dirigeants de la planète qui font tous allégeance en promettant d'investir sur son territoire. Comme s'il prenait sa revanche sur des décennies de supposée humiliation de son pays.

L'humiliation… Ce sentiment semble incompréhensible pour un regard extérieur. À la fin du mandat Biden, l'économie américaine laissait sur place le reste de la planète. Mais l'emploi industriel n'a pas bougé depuis 2019, en dépit des efforts de Joe Biden, les projets n'ayant pas eu le temps de sortir de terre. L'Amérique a poursuivi sa désindustrialisation, perdant, lors des deux premières décennies du siècle, 5 millions d'emplois dans l'industrie manufacturière, mais en gagnant 28 millions dans les services. Elle y a trouvé son compte : c'est l'époque pendant laquelle Apple vantait son iPhone « conçu en Californie, assemblé en Chine », tandis que les accords avec le Canada et le Mexique ont largement sauvé l'industrie automobile de Detroit, qui n'aurait pas survécu sans sous-traiter une partie de sa production à bas coût. Mais ces délocalisations ont laissé des villes mortes dans les États dits de la « ceinture de la rouille » (la *Rust Belt* de Pennsylvanie, de l'Ohio, du Michigan). Et elles ont permis à M. Trump d'attirer l'électorat blanc ouvrier.

Dans son discours, le chef de l'État avance un argument, celui du déficit commercial américain hors de contrôle. Les Européens balaient l'explication en avançant que ce déficit est d'abord creusé parce que les Américains consomment trop aux frais de la planète. L'administration Trump apporte une double réponse : d'abord, ils sont moins protectionnistes que leurs partenaires, avec des droits de douane moyens inférieurs à ceux qu'ils subissent. Ensuite, l'ajustement commercial devrait s'accomplir en partie par le jeu des devises, mais ne se fait pas, le dollar étant surévalué en raison de son statut de monnaie de réserve. Cet argumentaire a fait l'objet, à l'automne 2024, d'un article de Stephen Miran, principal conseiller économique de Trump, qui cherchait comment forcer les étrangers à financer le déficit américain sans faire s'envoler le dollar.

Cette théorie s'est fracassée sur deux obstacles : d'abord, l'administration Trump est restée persuadée que ses interlocuteurs ne réagiraient pas : le président chinois, Xi Jinping, grand gagnant de cette bataille, lui a prouvé le contraire. Surtout, le chaos que M. Trump a créé a généré ce que les marchés haïssent le plus, l'incertitude, provoquant une chute de Wall Street, mais surtout une défiance envers le dollar et les bons du Trésor américain. Or, nul ne résiste à une crise obligataire. Donald Trump subit l'effet Liz Truss, cette première ministre britannique boutée hors de Downing Street par les marchés, puis par son parti, pour avoir annoncé des baisses d'impôts insupportables.

La défiance est telle que le dollar s'est fortement déprécié en quelques semaines. « La parole du président et de son équipe ne suffira pas : ils ne sont pas crédibles », écrivait pendant la tempête, le 6 avril, l'économiste de Harvard Jason Furman, qui estimait que « la seule solution pour éliminer l'incertitude serait que le Congrès adopte une loi avec une majorité suffisante pour résister au veto ». On retrouverait ainsi le trumpisme du mandat 1, celui qu'il faut prendre au sérieux mais pas littéralement. Au risque de constater que même avec un Trump démonétisé, le trumpisme est là pour durer.

La science et le savoir en état de siège

21
« L'université américaine doit résister à Trump et se remettre en question »
Michael Sandel

L'administration Trump n'en finit pas de s'en prendre aux universités, à commencer par Harvard, où vous enseignez. Pouvez-vous expliquer pourquoi les universités d'élite, qui ne concernent qu'une infime fraction de la population, représentent un tel enjeu dans le débat public américain ?

Entretien

Michael Sandel. – Les universités sont au cœur des luttes politiques. Ces dernières décennies, elles sont devenues les machines à trier d'une société méritocratique uniquement guidée par le marché. Elles servent principalement à se faire « un réseau » et à donner des diplômes. Les enjeux liés aux diplômes sont tels qu'une industrie entière a été créée pour préparer les élèves parfois dès l'enfance à cette compétition, moyennant des sommes énormes.

C'est dommageable à plusieurs titres. D'abord parce que les familles à faibles revenus ne peuvent même pas espérer participer à ce grand tournoi du « mérite », supposé être égalitaire mais qui ne fait que reproduire les privilèges. Ensuite parce que cela a un effet fâcheux sur les « gagnants » de ce système qui en viennent, de façon compréhensible, à développer un rapport purement instrumental à leur éducation. La fonction diplômante de l'université a supplanté les valeurs intrinsèques que l'enseignement supérieur devrait poursuivre, à savoir cultiver chez les étudiants l'amour de l'apprentissage, la possibilité de réfléchir de manière critique à leurs objectifs, à leur vie.

Cela a aussi un effet politique : les universités, en particulier les universités d'élite, sont de plus en plus perçues comme un moyen d'obtenir des perspectives de carrière, et moins des institutions servant le bien public. En 2015 encore, démocrates comme républicains pensaient que les universités rendaient le pays meilleur. Mais, depuis 2016 et l'élection de Trump, leur confiance en l'enseignement supérieur a baissé. Et il y a une division partisane dans les réponses : les démocrates en ont une opinion plus favorable. Cela a rendu les universités politiquement vulnérables.

Ce n'est pourtant pas à l'inégalité de ce système que Trump s'en prend, mais à l'antisémitisme et au « wokisme » supposés de ces universités...

Michael Sandel. – Il invoque en effet l'antisémitisme sur les campus pour justifier ces attaques. Il a aussi ajouté que les universités sont des avant-postes de l'idéologie « woke », du marxisme et de la « folie de gauche » en général. C'est évidemment absurde de prétendre que les universités sont des bastions du marxisme. Il est difficile de nier qu'il y a de l'antisémitisme dans certaines des manifestations propalestiniennes qui ont eu lieu sur les campus après le 7-Octobre, mais les républicains ont exploité la situation.

En ce qui concerne l'idéologie « woke », c'est plus compliqué. Ces dernières années, les universités d'élite ont adopté d'importantes mesures dans le cadre de programmes DEI [pour « diversité, égalité, inclusion », censés lutter contre les discriminations envers les minorités]. Elles ont embauché beaucoup de personnel administratif pour superviser ces politiques. Mais ces efforts n'ont pas réellement contribué à une plus grande justice raciale ou égalité des genres. Harvard et beaucoup d'universités avaient déjà abandonné certaines de ces pratiques. [En juin 2024, par exemple, Harvard a cessé d'exiger des professeurs candidats à la titularisation une déclaration de fidélité aux principes de DEI.] Et c'est tant mieux : il s'agissait d'un excès idéologique, intrusif, et de toute façon inefficace.

Mais Donald Trump s'en saisit pour confisquer 2,2 milliards de dollars (1,9 milliard d'euros) de fonds fédéraux destinés à la recherche scientifique. Laquelle n'a rien à voir avec le wokisme, mais concerne la recherche biomédicale, qui doit trouver des traitements contre le cancer, le diabète, la tuberculose, etc.

Vous semblez considérer que les reproches faits aux universités ne sont pas totalement illégitimes…

Michael Sandel. – Il faut résister à Trump, mais savoir aussi se remettre en question, ce qui n'est pas facile. Bien qu'il prétende lutter contre le wokisme, les mesures DEI et l'antisémitisme, Trump exige en réalité que son administration puisse avoir un droit de regard sur le recrutement des enseignants, les admissions étudiantes et les programmes académiques pour garantir la prétendue diversité des points de vue, ce qui est un test idéologique et une violation de la liberté académique. Harvard n'a eu d'autre choix que de résister [une plainte fédérale a été déposée en avril contre l'administration]. Plus récemment, le gouvernement a annoncé qu'il empêcherait Harvard d'inscrire des étudiants étrangers et que ceux déjà présents doivent partir.

Trump s'en prend aussi à des cabinets juridiques qu'il considère comme hostiles…

Michael Sandel. – Trump veut exercer son pouvoir non seulement sur toutes les branches du gouvernement, ce qui est déjà un problème, mais aussi sur les institutions-clés de la société civile. C'est pourquoi il s'en prend aux grands cabinets d'avocats comme aux universités d'élite et aux médias. Il a même pris le contrôle du Kennedy Center for the Performing Arts, à Washington, une institution culturelle qui organise des spectacles théâtraux et musicaux. Il a limogé le conseil d'administration, placé ses proches, et s'est autoproclamé président du conseil !

Quel est donc le but de telles manœuvres ?

Michael Sandel. – La clé de son désir de contrôle, c'est la vengeance. Il l'a dit pendant la campagne : son deuxième mandat serait celui de la revanche. Mais sur quoi ? Sur ce qu'il perçoit comme l'hostilité de ces institutions – les médias, l'État de droit et les universités – envers sa politique. Ce qui rend Trump convaincant, c'est qu'il se sent lui-même méprisé. Il a toujours senti que les élites de New York, dont il cherchait l'approbation, le regardaient de haut. Les grandes banques refusaient de faire affaire avec lui ; Wall Street le voyait comme un promoteur immobilier grossier. Les doctorats honoris causa qui lui avaient été accordés lui ont été retirés après l'attaque du Capitole en 2021. Ce qui est authentique chez lui, c'est cette politique du ressentiment et de l'humiliation. La justification idéologique vient après coup.

Vous observez et théorisez la vie politique depuis plus de quarante ans. Qu'avez-vous appris depuis le retour de Trump au pouvoir ?

Michael Sandel. – Ce spectacle confirme des inquiétudes que j'avais déjà exprimées bien avant Trump, sur cette version du libéralisme qui adopte une foi aveugle dans le marché et une hubris technocratique, créant un vide dans la vie et le discours publics. Ce vide finit par être rempli par des forces sombres qui prennent deux formes : le fondamentalisme ou l'hypernationalisme.

J'étendrai ce diagnostic aux partis sociaux-démocrates en général, qui souffrent des mêmes maux. Ils ont adopté une mondialisation néolibérale et une approche technocratique de la politique qui laissent les gens désabusés, déconnectés, cherchant un sentiment d'appartenance. Mais je n'avais pas anticipé le niveau de cruauté dont Trump fait montre. La laideur de tout cela est sans précédent. On ne peut vraiment l'expliquer autrement que par le caractère de l'homme. La vraie question est : pourquoi est-ce qu'on ne lui en tient pas rigueur ?

Pourquoi ?

Michael Sandel. – Au cœur de son attrait politique, il y a l'exploitation des griefs et ressentiments de beaucoup de travailleurs qui se sentent méprisés par les élites, surtout par les élites diplômées. Dans *La tyrannie du mérite*, j'avance que ce grief est légitime : les gagnants de l'ère de la mondialisation croient que leur succès est dû uniquement à leur mérite, leur éducation, leurs diplômes. Cette croyance a alimenté un mépris pour les « perdants », qui incluent beaucoup de travailleurs non diplômés.

Le succès de Trump s'explique en partie par cette ligne de clivage autour des études. Il a gagné massivement en 2016, 2020 – quand il a perdu – et 2024 auprès des non-diplômés. Le Parti démocrate est devenu le parti des classes professionnelles bien éduquées. Les gens en viennent à croire que le système ne fonctionne pas pour eux et que leurs voix ne comptent pas. Avec Trump voilà quelqu'un qui attaque ceux qu'ils tiennent pour responsables de ce système truqué. Cela crée une acceptation cynique du comportement vil et choquant de Trump.

Propos recueillis
par Valentine Faure

Michael Sandel est philosophe et professeur à l'université Harvard, dans l'État du Massachusetts. Dans son livre *La tyrannie du mérite*[1], écrit pendant le premier mandat de Donald Trump (2017-2021), il diagnostiquait une méritocratie malade, soumise aux lois du marché, aussi dommageable aux faux « gagnants » qu'elle produit qu'aux « perdants », qu'elle humilie en les rendant responsables de leurs échecs. Alors que le second mandat s'est ouvert dans un feu roulant d'attaques contre les universités d'élite, le philosophe analyse ce qui se joue autour de ces institutions, creusant sa critique des limites du libéralisme politique.

1. Michael Sandel, *La tyrannie du mérite*, Paris, Albin Michel, 2021.

22
L'administration Trump efface et met en péril des données dont le monde dépend

Shaida Badiee, Joel Gurin & Claire Melamed

Le gouvernement américain ne se contente pas de supprimer des données en ligne : il remet en cause la production et le partage de celles à venir dans des domaines vitaux, avertissent trois experts en data qui appellent à des contre-stratégies.

Au cours des derniers mois, des milliers de pages Web et d'ensembles de données ont été supprimés des sites Web du gouvernement des États-Unis. Une armée informelle de « sauveteurs de données » a vu le jour pour télécharger, sauvegarder et republier des informations vitales, dont quelque 300 000 ensembles de données sur Data. gov [le catalogue en données ouvertes du gouvernement fédéral], avant qu'elles ne soient perdues. Mais cette préservation n'est qu'une mesure temporaire. La grande question est de savoir comment les données futures – en particulier celles sur la santé et le climat, qui sont essentielles pour orienter les politiques – seront produites et publiées.

Ce problème n'est pas seulement américain. Le gouvernement des États-Unis soutient depuis longtemps la production de statistiques officielles dans les pays à revenu faible et intermédiaire. Le programme d'enquêtes démographiques et sanitaires, par exemple, contribue depuis plus de quarante ans à la production de données d'enquête sur des indicateurs-clés comme la santé et la nutrition des enfants dans plus de 90 pays. Ces données ont guidé le développement d'innombrables initiatives précieuses, d'un programme de soutien aux femmes enceintes au Pakistan à une application élargissant l'accès au soutien pour les victimes de violences domestiques en Ouganda. Dix des dix-sept objectifs de développement durable des Nations unies s'appuient sur ces informations pour suivre les progrès réalisés. L'administration du président américain Donald Trump a désormais suspendu le programme d'enquêtes démographiques et sanitaires, pour une durée indéterminée, et dissous l'Agence américaine pour le développement international qui le gère. Il est urgent de trouver des solutions de substitution.

Investissements nécessaires

Un changement utile consisterait à mieux utiliser les données administratives – celles qui circulent dans les systèmes gouvernementaux chaque fois qu'un nouveau patient entre à l'hôpital, qu'un registre de classe est établi dans une école ou qu'un nouveau bébé naît –, plutôt que de s'appuyer principalement sur des enquêtes. Cela nécessiterait simplement un infléchissement de l'orientation, et des investissements, de la part des gouvernements et des partenaires de développement.

Les données climatiques sont également soumises à une pression croissante et mises en péril. L'administration américaine a supprimé ou rendu moins accessibles des informations dont le monde dépend pour suivre et prévoir les changements climatiques. Dans le même temps, les réductions de financement annoncées jettent un doute sur la collecte et l'analyse futures de ces données. Même celles qui seraient collectées pourraient ne pas être partagées au niveau international, puisque les États-Unis se sont retirés d'initiatives multilatérales comme le Groupe d'experts intergouvernemental sur l'évolution du climat.

Développer des alliances

L'Union européenne, le Japon et d'autres pays disposent également de vastes programmes sur le climat, mais combler le vide laissé par les

États-Unis nécessitera beaucoup de temps et d'argent, deux éléments qui se font rares. C'est pourquoi il est nécessaire de concevoir de nouveaux outils et modèles, pour exploiter pleinement le potentiel des nouvelles technologies, comme l'intelligence artificielle (IA).

Le gouvernement américain ne se contente pas d'effacer ou d'occulter ; il lance également des propositions qui visent à modifier la manière dont les données sont communiquées. Le secrétaire au commerce, Howard Lutnick, a par exemple suggéré de ne plus intégrer les mesures des dépenses publiques dans le calcul du produit intérieur brut. Ce changement rendrait plus difficile l'évaluation de l'impact sur l'économie américaine des réductions massives des dépenses fédérales décidées par l'administration. Les normes établies ont une raison d'être : elles garantissent la fiabilité et la comparabilité des données dans le temps et entre les pays. La communauté statistique internationale doit donc défendre fermement des méthodes et des principes établis de longue date, avec le soutien de partenaires qui reconnaissent l'importance cruciale de cette fonction gouvernementale, souvent négligée mais essentielle.

Dans l'immédiat, il faut suivre attentivement l'évolution de la situation. Quels sont les changements annoncés par les gouvernements en matière de politique des données, et à quelle échelle de temps ? Lorsque des informations sont retirées puis remises en ligne, ont-elles été modifiées ? Il est ensuite essentiel de développer des alliances. Les données gouvernementales ne soutiennent pas seulement le progrès social : les entreprises et les systèmes d'IA, qui dépendent également de données complètes et de haute qualité, sont des alliés potentiels.

Nous ne pouvons pas encore prédire l'ampleur et la durée de l'impact des changements dans le paysage des données, ni la manière dont les différentes organisations et institutions y répondront. Mais si nous élaborons dès maintenant des contre-stratégies globales, la communauté mondiale des données pourra faire en sorte que les systèmes essentiels à la prise de décisions politiques judicieuses non seulement survivent à ce qui se produira, mais en sortent renforcés.

Shaida Badiee est la cofondatrice et directrice générale d'Open Data Watch ;
Joel Gurin est le président du Center for Open Data Enterprise ;
Claire Melamed est la directrice générale du Partenariat mondial pour les données du développement durable.

Table des matières

Pour limiter l'empreinte environnementale de leurs livres,
les éditions de l'Aube font le choix de papiers
issus de forêts durablement gérées et de sources contrôlées.

Achevé d'imprimer en septembre 2025
sur les presses de l'imprimerie CPI Firmin-Didot
pour le compte des éditions de l'Aube
331, rue Amédée-Giniès, F-84240 La Tour-d'Aigues

Numéro d'édition : 6865
Dépôt légal : octobre 2025
Numéro d'impression : 185125

Imprimé en France